Angelika Kroker
Martin Stöber
Dr. Ingeborg Titz-Matuszak

GOSLAR

Schmidt BUCH

Titelbild: Kaiserworth am Marktplatz

Es fotografierte Thorsten Schmidt

Lektorat: Marion Schmidt

Thorsten Schmidt; Burgberg 13; 38855 Wernigerode; Tel.: (03943) 2 32 46
1. Auflage 1993, 1. - 5. Tsd.
Satz und Gestaltung: Schmidt-Buch-Verlag
Lithographie: Lithovertrieb Urspringen, Lithostudio Calbe
Druck und Weiterverarbeitung: Cuno-Druck-Calbe
ISBN 3-928977-07-5

Angelika Kroker
Martin Stöber
Dr. Ingeborg Titz-Matuszak

Goslar

Ein Führer durch die alte Stadt der Kaiser, Bürger und Bergleute

Schmidt-Buch-Verlag Wernigerode

Geschichtliches

Goslars Kaiserzeit

Die Geschichte Goslars ist eng mit dem Bergbau und der Entdeckung der Silberadern im Rammelsberg verknüpft. Der Sage nach wurde das Silber von dem Ritter Ramm entdeckt, dessen Ehefrau Gose der Stadt den Namen gegeben haben soll. Historisch gesichert ist, daß spätestens seit 968, während der Regierungszeit Kaisers Otto I. (936 - 973), Bergbau im Rammelsberg betrieben wurde. Neben der 922 von König Heinrich I. (919 - 936) gegründeten Marktsiedlung ("vicus Goslariae") entstand daher im Bergdorf am Nordhang des Rammelsberges eine weitere Siedlungszelle. Der wirtschaftliche Aspekt und die Aussicht auf reiche Erträge führten mit Sicherheit auch dazu, daß die alte Pfalz Werla (bei Schladen an der Oker) aufgegeben wurde und Kaiser Heinrich II. (1002 - 1024) in den Jahren 1005 bis 1015 in Goslar die ersten Pfalzbauten errichten ließ. 1009 konnte dann dort ein Hoftag gehalten werden, zehn Jahre später fand hier eine Reichssynode statt. Unter dem Salier Kaiser Konrad II. (1024 - 39) wurden die Liebfrauenkirche als Pfalzkapelle und auf dem Georgenberg eine neue Stiftskirche errichtet. Beide Bauten sind leider nicht mehr erhalten.

Ein großer Förderer Goslars war der Sohn von Konrad II., Heinrich III. (1039 - 1056), unter dem 1050 der Pfalzbau sowie das Kollegiatstift St. Simon und Judas, der sogenannte "Dom", fertiggestellt wurden. Der für alle Goslarer Pfarrkirchen als Vorbild dienende "Dom" wurde wegen angeblicher Baufälligkeit 1820 - 22 abgerissen. Nur die sogenannte Domvorhalle unterhalb der Kaiserpfalz kündet von dem ehemals so bedeutenden Stift, aus dem viele Stiftsherren bischöfliche oder sogar erzbischöfliche Weihen erlangten und der Reichskirche dienten. Die Gemahlin Heinrichs III. Kaiserin Agnes gründete ein weiteres Chorherrenstift auf dem Petersberg.

Die besondere Verbundenheit des kaiserlichen Paares zu Goslar zeigt sich auch daran, daß Agnes 1050 in dieser Pfalz Heinrich IV. gebar. Dieser wurde dem besonderen Schutz des 1056 in Goslar weilenden Papstes Viktor II. unterstellt. Aber durch mehrere widrige Umstände ließ sich das für Heinrich III. so bezeichnende enge Miteinander von Kirche und Krone, das ottonisch-salische Reichskirchensystem, von seinem Sohn Heinrich IV. (1056 - 1106) nicht fortsetzen. Der im Jahre 1056 verstorbene Heinrich III., dessen Herz in der Goslarer Pfalzkapelle St. Ulrich bestattet wurde, hinterließ das Reich in schwerer Krise mit dem Papsttum und der sächsischen Fürstenopposition.

Zu den Wirren im Investiturstreit ist an dieser Stelle allerdings nur soviel mitzuteilen, daß es sich Heinrichs Gegenkönige Rudolf von Schwaben und Hermann von Salm nicht nehmen ließen, sich als Herrscher in dieser Pfalz zu präsentieren: Rudolf von Schwaben wurde hier 1077 als Gegenkönig ausgerufen und Hermann von Salm sogar 1081 durch den Mainzer Erzbischof Siegfried zum König gesalbt. Für Heinrich IV. war dieses vielleicht ein Grund, die geschätzte Goslarer Pfalz nicht mehr zu besuchen. So ausgiebig wie die Salier Heinrich III. und Heinrich IV. hat kein Herrscher die Pfalz wieder frequentiert, auch wenn alle hochmittelalterlichen Kaiser und Köni-

ge - mit Ausnahme Heinrichs VI. - in Goslar glänzende Reichstage abgehalten haben.
Wie Goslar im 11. und zu Beginn des 12. Jahrhunderts von dem Investiturstreit in Mitleidenschaft gezogen wurde, so bildete die Stadt im weiteren Verlauf des 12. Jahrhunderts einen wesentlichen Streitpunkt in der Auseinandersetzung zwischen Staufern und Welfen. Heinrich der Löwe hatte als Herzog von Sachsen in der berühmten Szene zu Chiavenna 1176 trotz vieler Bitten und Kniefalls seines Lehnsherren Kaiser Friedrich I. (1152 - 1190) die geforderte Unterstützung nicht geleistet, weil Barbarossa ihm als Gegenleistung Goslar mit dem Rammelsberg nicht übertragen wollte. Trotz der Zerstörungen im Bergwerk hat es Heinrich der Löwe jedoch nicht erreicht, sich der Stadt kriegerisch zu bemächtigen. Dieses gelang aber seinem Sohn, dem welfischen Kaiser Otto IV. (1198 - 1218). Dessen Heerführer Gunzelin von Wolfenbüttel drang 1206 (der Sage nach mit Hilfe der Neuwerker Äbtissin Antonia, die ihm den Durchschlupf durch die Stadtmauer öffnete) in die Stadt ein, wo Gunzelins Soldaten bei ihrer achttägigen Plünderung grausam wüteten. Erst der Tod Ottos IV. 1218 auf der Harzburg sollte für Goslar eine positive Wende bewirken.
Während der zwölfjährigen Welfenherrschaft hatten sich die Goslarer stets stauferfreundlich verhalten, was von Kaiser Friedrich II. (1212 - 1250) auf dem im Juli 1219 in Goslar gehaltenen Reichstag belohnt wurde. Für die erwiesene Treue privilegierte er die Stadt in umfassender Weise. Mit dieser Urkunde besitzt die Stadt ihre älteste Kodifizierung des Stadtrechtes, auf welche das um 1330 fixierte städtische Recht aufbaut. Im Jahre 1219 fand der letzte große Reichstag in der Goslarer Pfalz statt. Mit Friedrich II. endet auch die hochmittelalterliche Kaiserherrlichkeit. Die Anwesenheit von König Wilhelm von Holland (1248 - 1256) in der Pfalz 1253 ist lediglich als Eckdatum für den letzten Besuch eines mittelalterlichen Königs mitteilenswert.
Die nun einsetzende Bedeutungslosigkeit der Kaiserpfalz wird offenkundig in dem Zerfall der Gebäude. Gegenläufige Tendenzen sind jedoch in der Bürgergemeinde zu verzeichnen. Sie, die anfangs von den regen Pfalzbesuchen der Könige und Kaiser profitiert hatte, befand sich in der folgenden Zeit weiter im Aufschwung. Bergbau (Silber, Blei und Kupfer), Hüttenbetriebe und Handel begründeten den Reichtum. Rückhalt fand die Stadt in jener "kaiserfernen" Periode in der Hanse, dem größten mittelalterlichen Städtebund, worin Goslar 1267/68 zum ersten Mal als Mitglied erwähnt ist. Die Fernhandelskaufleute bildeten daher auch die vornehmste Gilde der Stadt (Worthgilde der Kaufleute und Gewandschneider).
Bedenkt man die wirtschaftliche Potenz und die schwache Reichsgewalt, so scheint das Streben nach bürgerlicher Autonomie fast selbstverständlich. Dieses gelang den Bürgern, als sie zunächst durch den Kauf der Reichsvogtei den direkten Vertreter des Kaisers bzw. Königs vor Ort, den Reichsvogt, ausschalten konnten. Mit der Verleihung des Heerschildrechtes durch Kaiser Ludwig den Bayer 1340 war die Stadt als eigener Reichsstand anerkannt und zur kaiserlich freien Reichsstadt aufgestiegen, welchen Status sie bis zur preußischen Besetzung im Dezember 1802 behielt.

Blütezeit der Bürgerstadt

Die der Kaiserzeit folgenden drei Jahrhunderte von der Mitte des 13. Jahrhunderts bis 1552 waren die Blütezeit des bürgerlichen Goslar. "Außenpolitisch" hatte die Stadt durch den Erwerb der Reichsvogtei 1290 und des Heerschildrechts 1340 den privilegierten Status einer reichsfreien Stadt erlangt. Durch Kauf und auf dem Wege der Pfandschaft konnte das Territorium der Stadt erheblich erweitert werden. Die innere Eigenständigkeit und Selbstorganisation der Bürger dokumentiert die seit 1232 urkundlich nachweisbare Existenz eines Rates.

Wirtschaftliche Grundlage des Aufstiegs der Stadt war der Bergbau am Rammelsberg. Die Rechte und die damit verbundenen Gewinnmöglichkeiten hatte der Rat - wenn auch nur pfandweise - durch eine kluge Politik an sich gebracht. Technische Probleme, insbesondere die "Wassernot", d. h. Schwierigkeiten bei der Entwässerung der Gruben, verhinderten jedoch zunächst einen ertragreichen Bergbau. Mit Hilfe von auswärtigen Spezialisten und Geldgebern gelang es jedoch ab etwa 1450, die Gruben zu "sümpfen", also trockenzulegen. Danach stieg die Erzförderung sprunghaft an; die damaligen Fördermengen waren vorher nie erreicht worden und wurden erst Jahrhunderte später überschritten. Die durch den Bergbau erzielten Gewinne dieser Epoche spiegeln sich in den prachtvollen öffentlichen und privaten Bauten wider. Rathaus und Stadtbefestigung, Gilde- und Bürgerhäuser legen noch heute Zeugnis von dem Reichtum ab, der damals das Gesicht Goslars prägte.

Im Endergebnis hatte man sich mit den Investitionen in den Rammelsberg aber doch verspekuliert. Der florierende Bergbau weckte die Begehrlichkeit des benachbarten Territorialfürsten, des Braunschweiger Herzogs. Heinrich dem Jüngeren gelang es, nach seinem Sieg in der sogenannten Hildesheimer Stiftsfehde (1519 - 1523) die von seinen Vorfahren an die Goslarer verpfändeten Rechte am Rammelsberg wieder einzulösen. Über den Umfang und die Rechtmäßigkeit dieses Geschäftes stritt die Stadt erfolglos jahrhundertelang (!) vor den Reichsgerichten mit den Braunschweigern. Es kam aber auch zu militärischen Auseinandersetzungen, die im Zusammenhang mit den sozialen und religiösen Spannungen der Reformationsjahre zu sehen sind. Die Situation eskalierte, als Heinrich 1527 im Kloster Riechenberg Truppen zusammenzog. Die Goslarer Bürger zerstörten die Stifte auf dem Georgenberg und Petersberg, die Johanniskirche im Bergdorf und andere vor der Stadt gelegene Gebäude, um dem Angreifer keine in der unmittelbaren Nähe der Stadt gelegenen Stützpunkte zu bieten. Wegen dieses schweren Landfriedensbruchs erhob der Herzog Klage vor den Reichsgerichten und terrorisierte die Stadt auch weiterhin. Am 13. Juni 1552 mußte die Stadt im Kloster Riechenberg einen Vertrag unterschreiben, den man nur als Kapitulation bezeichnen kann. Sie verzichtete auf fast alle Rechte am Rammelsberg und auf den größten Teil der Forsten.

Mit dem Riechenberger Vertrag endete die spätmittelalterliche Blütezeit Goslars. Damit teilte die Stadt das Schicksal vieler anderer Reichsstädte, aber auch der Land- und Residenzstädte der Territorialstaaten. In der nachmittelalterlichen Phase erlitten die Städte durch das Erstarken der Territorialstaaten einen erheblichen Bedeutungsverlust. Die sich in den Westen verlagernden Haupthandelsströme führten auch anderenorts zur Bedeutungslosigkeit einst blühender Handelsstädte.

Schwierige Zeiten

In der Folgezeit mußte die Stadt versuchen, sich mit den neuen Gegebenheiten zu arrangieren. Die Gewinne aus dem Bergbau am Rammelsberg flossen nun nicht mehr in die Kassen der Stadt, sondern nach Braunschweig. Dennoch fanden noch immer viele Goslarer Arbeit und Brot im Bergwerk. Die Stadt nahm weiterhin eine wichtige Mittlerfunktion zwischen den neu entstehenden Bergbauzentren im Oberharz und dem Vorland ein. Durch den Ausbau anderer Gewerbe, wie z. B. des Mühlenwesens, der Brauerei, der Dachschiefer- und Vitriolgewinnung, versuchte man, die erlittenen Verluste auszugleichen. Obwohl der alte Wohlstand nicht wieder erreicht werden konnte, gab es neben der offensichtlichen Ebbe in den städtischen Kassen weiterhin bürgerlichen Reichtum in Goslar. Der Großteil der heute das Stadtbild prägenden Fachwerkhäuser sind in dieser Epoche entstanden; besonders beeindrukkend ist das Haus des Fernhändlers Hans Siemens von 1693 in der Schreiberstraße, Ecke Bergstraße.
Kriege und Brandkatastrophen belasteten die Stadt zusätzlich. Während des 30jährigen Krieges blieb die Stadt von kriegerischen Ereignissen zwar weitgehend verschont; die fälligen Kontributionen und andere Abgaben zerrütteten die Stadtfinanzen jedoch nachhaltig. Allein die 1632 beginnende dreijährige schwedische Besatzung soll die Stadt 600 000 Reichstaler gekostet haben. Die Einquartierungen im siebenjährigen Krieg wirkten sich ebenfalls negativ auf die Kassen der Stadt und ihrer Bürger aus. Zwei verheerende Stadtbrände im 18. Jahrhundert, 1728 und 1780, vernichteten weite Teile der zum Breiten Tor gelegenen Unterstadt. Wegen der mangelnden Brandversicherung, der schlechten Wirtschaftslage und des Bevölkerungsrückgangs blieben viele Brandstätten lange unbebaut.
Die Bürger der Stadt versuchten immer wieder, sich aktiv mit den Problemen der Stadt auseinanderzusetzen. Viele, oftmals erstaunlich modern erscheinende Vorschläge zur Sanierung der Stadtfinanzen und zur Hebung der Wirtschaft wurden von der Bürgerschaft an den Rat herangetragen. Leider konnten sich die reformwilligen Kräfte nicht durchsetzen; der Rat begriff sich zunehmend als von Gott gesetzte Obrigkeit, dem Gehorsam zu leisten war. Verfassungskonflikte und Revolten waren das Ergebnis; die Stadtregierung genoß trotz einer Flut von Verordnungen kaum Autorität.
Erst am Ende der reichsstädtischen Epoche Goslars - also am Ende des 18. Jahrhunderts - unternahm der letzte Bürgermeister Siemens ernsthafte und durchgreifende Schritte zur Sanierung der städtischen Finanzen. Trotzdem war der Status der Reichsfreiheit zu dieser Zeit bereits ein Anachronismus; mit dem Ende des Alten Reiches durch den Reichsdeputationshauptschluß von 1803 war die Epoche der Freien Reichsstädte endgültig vorbei.

Auf dem Weg in die Gegenwart

Nach dem Ende der napoleonischen Zeit, in der die Goslarer unter preußischer und französischer Besetzung lebten,wurden auf dem Wiener Kongreß die Umrisse Nachkriegs-

europas festgelegt. Goslar gliederte man dem zum Königreich erhobenen Staat Hannover ein. Die Kommune erhielt eine eigene Stadtverfassung und wurde als selbständige Stadt in die hannoversche Gerichts- und Verwaltungsbehördenhierarchie eingestuft.
Neben dem Bergwerk und den Hütten regte sich in und um Goslar wirtschaftlich noch verhältnismäßig wenig, so daß um die Jahrhundertmitte Schiefergruben, Handwerk, Einzelhandel, Kleinstfabriken und selbst die bescheidene, handwerklich organisierte Produktion von Pflanzenölen in einer Reihe kleiner Wassermühlen als wichtige Gewerbezweige der Stadt galten. Doch glücklicherweise fand man 1859 das sogenannte Neue Lager, so daß - vorangetrieben von zahlreichen technischen Innovationen der Folgezeit - die Erzförderung zunahm.
In der zweiten Hälfte des 19. und in den ersten Jahren des 20. Jahrhunderts fand Goslar ganz allmählich Anschluß an die neue, von der Industrie geprägte Zeit. Die Eisenbahn erreichte 1865 von Nordosten, später auch von Norden und Westen die Stadt. Unter anderem siedelten sich chemische Betriebe sowie holz- und metallverarbeitende Firmen und ein Büroartikelhersteller an bzw. bauten ihre Produktion aus. Mit dem Bergbau entwickelte sich auch die Metallverhüttung in der Region positiv; insbesondere in der Zeit vor und nach dem Ersten Weltkrieg wurde aus dem uralten Hüttenort Oker gemeinsam mit dem benachbarten Harlingerode ein bedeutender schwerindustrieller Standort. Das brachte jedoch nicht nur Arbeitsplätze, sondern auch erhebliche Umweltschäden mit sich.
Um die Mitte des 19. Jahrhunderts wirkte in Goslar der umstrittene "Naturarzt" Friedrich Lampe. Seine zahlreichen Anhänger, die zu einer Kur in der Kräuterheilanstalt des Schusters anreisten, müssen zu den frühen Goslar-Touristen gezählt werden. Es erwies sich bald, daß Goslars Stadtbild sowie insbesondere die zwischen 1868 und 1897 durchgeführte Sanierung des Kaiserhauses samt Ausmalung des großen Kaisersaales bei vielen, durch die Eisenbahn mobil gewordenen Zeitgenossen großes Interesse fand. In einer vom Historismus und einem starken, aber unkritischen Geschichtsbewußtsein geprägten Epoche konnte Goslar einiges in die Waagschale werfen, um der Vorliebe des Publikums zu entsprechen. Die Stadt wurde zugleich zu einem bevorzugten Alters- und Ruhesitz. Hiervon zeugen Villenviertel der Jahrhundertwende wie jenes am Fuß des Steinbergs.
Die Zeit von Nationalsozialismus und Krieg, während der Goslar den zweifelhaften Titel "Reichsbauernstadt" erhielt, überstand der Stadtkern unzerstört.
Heute leben in der Altstadt, den Neubauvierteln und den eingemeindeten Ortsteilen rund 50 000 Menschen. Die Gewerbestruktur ist relativ breit gefächert und reicht von Handel und Verwaltung über die Textil- bis zur "traditionellen" chemischen Industrie und Metallverhüttung. Ungebrochen fließt der Touristenstrom zu den historischen Stätten in der aufwendig sanierten Altstadt sowie in den 1972 eingemeindeten Kur- und Wintersportort Hahnenklee-Bockswiese. Von der Aufhebung der innerdeutschen Grenze und der Wiedervereinigung wurde Goslar unmittelbar betroffen. Welche langfristigen Chancen sich durch die wiedergewonnene Lage im Herzen Deutschlands und Europas ergeben und wie sie zu nutzen sind, ist wohl die wichtigste Zukunftsfrage für die mehr als 1000jährige Stadt.

Pfalzbezirk und Kaiserhaus

Die mittelalterlichen Könige konnten ihre Herrschaft in den einzelnen Teilen des Reiches faktisch nur dann ausüben, wenn sie sich vor Ort befanden. Daher waren sie gezwungen, immerfort das Reich zu bereisen, um ihrem Willen überall Gehör zu verschaffen - das Königtum war ein "ambulantes Gewerbe".

Als Folge davon gab es im ganzen Land Orte, an denen der König das Recht besaß, mit seinem Gefolge aufgenommen zu werden: die Pfalzen. Es konnten dies ebenso mächtige Reichsburgen wie Wirtschaftshöfe sein, aber auch Reichsklöster und die Sitze der Bischöfe. Zu den Pfalzen, die sich durch häufige Aufenthalte von Königen (bzw. Kaisern) und sogar durch wichtige Zusammenkünfte (Hoftage mit den Reichsfürsten, Reichsversammlungen der königlichen Amtsträger) auszeichneten, zählte Goslar.

Diese Rolle verdankte die verkehrsgünstig gelegene Siedlung am Harzrand in erster Linie dem Rammelsberger Bergwerk, in dem u.a. das edle Münzmetall Silber gefördert wurde. Der Standortvorteil führte sogar dazu, daß Goslar der älteren Pfalz Werla (nahe Schladen) den Rang ablief und hier im 11. Jahrhundert, in Nachbarschaft eines Marktortes (Wik, vicus Goslariae) und einer Bergmannssiedlung (Bergdorf), eine neue Pfalz angelegt wurde.

Die Pfalz

Bei einer Pfalz wie Goslar, in der sich beispielsweise zu einem Reichstag zahlreiche Fürsten samt Gefolge versammelten, mußte es sich zwangsläufig um einen größeren räumlichen Bezirk handeln. Tatsächlich ist das berühmte "Kaiserhaus" bei weitem nicht das einzige Gebäude der Pfalz gewesen - allerdings das bedeutendste. Der gesamte Pfalzbezirk umfaßte zwischen Kötherstraße und Pfalzgarten ein großflächiges Gelände im Süden der Gose oder - wie der Bach an seinem Unterlauf heute genannt wird - der Abzucht.

Dem Kaiserhaus mit den Pfalzkapellen St. Ulrich und Liebfrauen an der Westseite des freien Kaiserbleeks stand im Osten das Domstift gegenüber. Der mächtige "Dom" St. Simon und St. Judas, eine dreischiffige Basilika mit einem von zwei Türmen gekrönten Westriegel, war zweifellos ein würdiger architektonischer Widerpart für das Kaiserhaus. Beide Bauten entstanden um 1050. Man kann sie in ihrer räumlichen Lage als Stein gewordenen augustinischen Staatsgedanken auffassen: Im Westen residierte das weltliche Oberhaupt und der weltliche Stellvertreter Christi, ihm gegenüber, im lichtbringenden Osten, sein geistliches Pendant. Neben Kaiserhaus und Domstift, den Pfalzkapellen, der Pfarrkirche des Pfalzbezirkes (St. Thomas), den Ordensniederlassungen wie der der Deutschordensritter mit der Heilig-Geist-Kapelle (St. Spiritus) und den Häusern von Bediensteten im Liebfrauenberg-Viertel zählten zu den Bauten der Pfalz insbesondere die "Kurien". Sie waren die Niederlassungen wichtiger Adelsfamilien (Ritterkurien) und der - ebenfalls adligen - Domstiftskanoniker (Stiftskurien). Die Kurien dienten zur Zeit der Reichstage hohen Würdenträgern als Unterkunft; die Grundstücke waren hinreichend groß, um zugleich die Begleitpersonen unterzubringen. Nach-

dem Goslar die Funktion der Pfalz und Kaiserstadt verloren hatte, erlaubte diese sehr lockere Bebauung eine Verdichtung durch kleinere Häuser (Buden).
Die Zeit der Königs- und Kaiseraufenthalte in der Pfalz begann zu Beginn des 11. und endete in der Mitte des 13. Jahrhunderts. Besondere Aufmerksamkeit erfuhr Goslar durch die fränkischen oder salischen Kaiser (1024 - 1125). Heinrich III., der sich oft am Fuß des Rammelsberges aufhielt, fand 1056 im Harz während eines Besuches des Papstes den Tod. Seine sterblichen Überreste liegen in Speyer, das Herz aber hat man wunschgemäß in Goslar beigesetzt. Im Jahr 1050 wurde hier sein Sohn Heinrich IV. geboren, welcher später durch die Auseinandersetzung mit dem Papsttum und den "Gang nach Canossa" (1077) bekannt wurde. Heinrich IV. wuchs in Goslar (unter Vormundschaft) auf und hat sich auch später bevorzugt an seinem Geburtsort aufgehalten. Rund 100 Jahre später zählte Goslar nochmals zu den Schauplätzen einer Auseinandersetzung von großer historischer Tragweite, dem Streit von Kaiser Friedrich I. Barbarossa mit dem Welfenherzog Heinrich dem Löwen.
Viele der alten Pfalzbezirkbauten sind, ihrer ursprünglichen Aufgaben oft schon in der Mitte des 13. Jahrhunderts beraubt, heute nicht mehr vorhanden. Das gilt zum Beispiel für die meisten Kurien und die Pfarrkirche St. Thomas (nordöstlich des "Doms" gelegen; 1840 abgerissen), aber auch für Teile des Kaiserhaus-Komplexes, der in seiner langen Baugeschichte eine Reihe von Umbauten erlebte.

Das Kaiserhaus

Die Anlage besaß bis zu ihrem Einsturz im 18. Jahrhundert einen Wohnpalast als Nordflügel mit einer zweiten Kapelle (Liebfrauen). Auch im Südteil des Kaiserhauses (wenn man vom Kaiserbleek aus schaut: linker Hand) gab es einst einen Wohnpalast. Von diesem künden einige Mauerreste an der Rückseite der Gebäude. Nicht nur aus diesem Grund, sondern auch wegen des anschließenden Pfalzgartens mit der Plastik "Goslarer Krieger" von Henry Moore lohnt sich ein Gang um die Kapelle St. Ulrich herum hinter das Kaiserhaus.
Der beeindruckende, über 47 Meter lange Saalbau in der Mitte des Komplexes und die südliche Pfalzkapelle weisen eine überwiegend mittelalterliche Bausubstanz auf; sie sind folglich echte Zeugen der alten Kaiserpfalz. Im jüngeren nördlichen Anbau, in dem heute das Kulturamt der Stadt untergebracht ist, befindet sich der Haupteingang des Kaiserhauses. Für eine Besichtigung muß Eintrittsgeld bezahlt werden; dafür sollte man sich aber auch einer der in kurzen Abständen angebotenen Führungen anschließen. An der Kasse kann man sich zudem über eine Besichtigung der Domvorhalle informieren.
Die großen Zusammenkünfte der Reichstage und -versammlungen fanden im Saal des Erdgeschosses statt. Er hatte, da diese überwiegend im Winter abgehalten wurden, einen unschätzbaren Vorteil: Seine Fenster waren zu verschließen, und der Saal war heizbar. Im Erdgeschoß sind heute der Veranstaltungsraum "Wintersaal" und in einem der Gewölbe ein Modell der Stadt Goslar untergebracht. Über das Treppenhaus - in einem Flurraum kann zur Zeit eine Informa-

Das monumentale Kaiserhaus der alten Pfalz mit den Reiterstandbildern von Kaiser Barbarossa und Kaiser Wilhelm I.

tionsausstellung über den Faksimiledruck des Goslarer Evangeliars besucht werden - erreicht man das obere Geschoß. Beim Betreten des Kaisersaales gewinnt man eine Vorstellung von den Dimensionen der mittelalterlichen Säle aus der Zeit um 1050. Doch abgesehen von der Deckenkonstruktion aus dem Jahr 1477 hat das Aussehen des Kaisersaales inzwischen wenig mit dem Mittelalter zu tun. Die heute mit großen Glasscheiben versehenen Rundbogen waren beispielsweise zur "Kaiserzeit" nicht verglast gewesen.

Nachdem die Pfalz ihre ursprüngliche Aufgabe verloren hatte, kam es zu unterschiedlichen Nutzungen der Bauten. So diente den pragmatisch handelnden Goslarern das Kaiserhaus und ein einst dahinter liegendes Nebengebäude in höchst profaner Weise als Zeughaus und Lagerraum. Immerhin blieb die Anlage auf diese Weise bis in das 19. Jahrhundert erhalten. Im Jahr 1866 kaufte der hannoversche Staat das allmählich doch vom Verfall bedrohte Kaiserhaus. Nach der Annexion Hannovers durch Preußen im selben Jahr begannen die neuen Herren 1868 mit der Restaurierung, der in einer Zeit großer Begeisterung für Tradition und Geschichte breites Interesse entgegengebracht wurde.

Dabei ging es zunächst allein um die Rettung eines wichtigen Baudenkmals. Doch nachdem der preußische König 1871 in Versailles zum deutschen Kaiser Wilhelm I.

Die Kapelle St. Ulrich, in der einst das Herz Heinrichs III. beigesetzt wurde

proklamiert worden war, entdeckte man in der alten Kaiserpfalz eine hervorragende Möglichkeit, das neue Kaisertum in die Tradition des mittelalterlichen zu stellen und gleichsam historisch zu legitimieren. Dieser Aufgabe entsprach vor allem die monumentale Ausmalung im - lange überholten - nazarenischen Malstil nach Plänen von Professor Hermann Wislicenus. Dargestellt werden eine Reihe von historischen Szenen der mittelalterlichen Kaisergeschichte, die das Hauptbild - die Gründung des neuen Kaiserreichs - einrahmen. Ergänzend wird das Dornröschen-Märchen thematisiert und damit auf das Wiedererwachen des Reiches hingewiesen. So wurde zwar keine große Kunst, aber doch ein noch heute beeindrukkender Gemäldezyklus geschaffen, der in erster Linie die Funktion zu erfüllen hatte, ein Geschichtsbild für die zeitgenössische Politik nutzbar zu machen.
Auch vor dem Kaiserhaus reiten sie gemeinsam, Friedrich I. Barbarossa und Wilhelm der I. (als Reiterstandbilder der Künstler Toberentz und Schott); und selbst der Braunschweiger Löwe - einst Gegner der Stadt und Barbarossas - hat sich zu ihnen gesellt. In einem Nachbarraum des Kaisersaales ist eine Weihestätte untergebracht, mit der die Heimkehr der Kriegsgefangenen nach dem Zweiten Weltkrieg ins Gedächtnis gerufen wird. Am Südrand des Kaiserbleeks erinnert ein Denkmal (Glockengerüst) an diese Zeit der jüngsten Geschichte.

Die Kapelle St. Ulrich

Durch einen Verbindungstrakt und eine steile Treppe gelangt man in die St. Ulrich - Kapelle. Im Erdgeschoß, das einen kreuzförmigen Grundriß besitzt, fand der Gottesdienst statt, dem der Kaiser - in standesgemäß erhöhter Position - vom achteckigen Obergeschoß aus beiwohnen konnte. Auf ein genaues Baudatum der Kapelle (Mitte des 11. bis Anfang des 13. Jahrhunderts?) konnten sich die Gelehrten bisher nicht einigen. Dafür ist unumstritten, daß es sich um ein Kleinod mittelalterlicher Architektur und Handwerkskunst handelt. Im Sarkophag befindet sich das Herz von Kaiser Heinrich III. Es war zunächst im "Dom" untergebracht worden und fand dann hier im 19. Jahrhundert seine hoffentlich letzte Ruhestätte. Die als Deckplatte dienende Plastik Heinrich III. ist jedoch mittelalterlich. Nach der Reformation wurde die Pfalzkapelle St. Ulrich ähnlich wie das Kaiserhaus sehr weltlich genutzt: Man baute sie zum städtischen Gefängnis und zur Folterkammer um.

Die Domvorhalle

Der höchst sachliche Umgang der alten Goslarer mit den Denkmälern der großen Kaiserzeit besiegelte auch das Schicksal des an der Ostseite des Kaiserbleeks gelegenen sogenannten Domes. Er wurde im Jahre 1819 verkauft und bis 1822 abgebrochen. Allerdings muß zur Entschuldigung der hiesigen Einwohner gesagt werden, daß der Dom vermutlich starke Bauschäden aufwies, für die große Kirche keine Verwendung mehr bestand, und die Stadt seit 1552 mit ständigem Finanzmangel zu kämpfen hatte, sich den Unterhalt "nutzloser" Bauten also bereits seit Jahrhunderten nicht mehr leisten konnte. Auch die heutigen Stadtväter gingen mit dem Grundstück sehr pragmatisch um; man richtete einen Parkplatz ein. Der Grundriß der Kirche hebt sich übrigens

durch ein besonderes Pflaster auf dem Parkplatz ab.
Von der gesamten Domanlage blieb allein die etwas jüngere Domvorhalle, ein Anbau an der Nordseite (um 1200, 1824 renoviert), erhalten. An ihrer Vorderwand fallen die prächtige Mittelsäule unter den beiden Tür-Rundbögen, auf deren Kapitell sich in für die Zeit der Romanik ungewöhnlicher Weise der Steinmetz namens Hartmannus verewigt hat, sowie die in Bogennischen untergebrachten Figuren auf. In der oberen Reihe ist nur die Gottesmutter erhalten geblieben; die Engel zu ihren Seiten sind nicht mehr vorhanden. In der unteren Reihe erkennt man in der Mitte die drei Schutzpatrone (Simon, Judas und den später hinzugekommenen Matthias), den Stifter Kaiser Heinrich III. mit Dommodell (links) und einen weiteren Kaiser (rechts; ebenfalls mit einem Modell). Die meisten der in der Domvorhalle einst gesicherten Kunstwerke aus dem "Dom" befinden sich heute im Goslarer Museum. Eine Besichtigung (Informationen an der Kasse des Kaiserhauses; demnächst sollen Glastüren einen ständigen Einblick gewähren) lohnt sich aber dennoch. Neben Grabsteinen und Teilen der Bauplastik ist nämlich der Thronsessel der Kaiser der Salier- und Stauferzeit hier untergebracht. Es handelt sich um einen Steinsitz mit Bronzelehnen. Im Jahr 1815 veräußert, gelangte er auf Umwegen in den Besitz eines preußischen Prinzen, der ihn 1883 der Goslarer Kaiserpfalz vermachte. Während seiner "preußischen Zeit" diente er noch einmal seinem ursprünglichen Zweck: Kaiser Wilhelm benutzte ihn 1871 bei der Eröffnung des ersten Reichstages als Thronsessel.

Einziges Relikt eines prachtvollen romanischen Sakralbaus: die Domvorhalle

Blick auf die Hauptapsis der romanischen Neuwerkskirche

Kloster und Kirche Neuwerk

1186 zogen die Äbtissin Antonia und zwölf Nonnen vom thüringischen Benediktinerinnenkloster Ichtershausen nach Goslar um. Der Reichsvogt Volkmar von Wildenstein und seine Ehefrau Helena hatten nämlich vor dem Rosentor im Norden der Stadt ein Kloster gestiftet. Es erhielt zunächst den Namen "St. Maria in horto" (Maria im Garten), wurde aber bald in "novum opus" (Neuwerk) umgetauft (urkundlich überliefert seit 1201). Als der Konvent 1186 eintraf, waren der Ostteil der Kirche sowie der größte Teil der Klosteranlagen fertig. An der Kirche wurde - mit Unterbrechung zur Zeit der Kämpfe zwischen Staufern und Welfen - noch bis zur Mitte des 13. Jahrhunderts weitergebaut. Durch diese lange Bauperiode ist die Neuwerkskirche - eine dreischiffige, kreuzförmige Basilika mit Hauptapsis, zwei kleinen Nebenapsiden sowie wuchtigem, Vertikale und Horizontale gegeneinander absetzendem Westwerk mit zwei Türmen nach dem Vorbild des Goslarer "Doms" - als einzige Goslarer Kirche von Anfang an auf Wölbung angelegt. Während noch die Seitenschiffe Kreuzgratgewölben erhielten, wurden der Chor, das Mittelschiff sowie der Querschiffarm mit Kreuzrippen versehen. Am Außenbau beachte man vor allem den zweigeschossig aufgeführten Aufbau der Apsiswand. Dort tragen freistehende Säulen, deren Schäfte plastisch unterschiedlich gestaltet sind, den Rundbogenabschluß. Diese Schmuckformen sind auf Einflüsse aus der Lombardei (als 'Vermittler' diente der Dom zu Königslutter) zurückzuführen.

Das Innere der Kirche ist im Unterschied zum einheitlichen romanischen Äußeren des Baus vom Übergang der Spätromanik zur Frühgotik geprägt: Diese künstlerische Verknüpfung beider Stile ist dem Steinmetz Wilhelm gelungen, an den am südlichen Obergaden im Zwickel zweier Rundbögen auf einem von einem Engel gehaltenen Spruchband erinnert wird: "Mira facta vide laudando viri lapicida Wilhelmus" (Betrachtet lobend die wundersamen Werke des Steinmetzen Wilhelmus). Auf Wilhelm geht auch wohl eine andere architektonische Besonderheit zurück: Die Dienste der vier Hauptsäulen des Mitteljochs wölben sich im oberen Teil plastisch freistehend vor und sind mit einem geflochtenen Kranz (Sinnbild der ewigen Seligkeit), einer sich selbst verschlingenden Schlange (Symbol der Verdammnis) sowie zwei dämonischen Köpfen versehen.

Wie in Klosterkirchen üblich wurde der Chorraum vom Langhaus durch einen Lettner getrennt, um die Nonnen und Priester von den Laien abzusondern. Von der ursprünglichen Kirchenausstattung blieb der Mittelteil dieses mit reichen Stuckreliefs ausgearbeiteten Lettners mit Laienaltar und Lesekanzel erhalten. Nach der Restaurierung der Kirche Mitte des 19. Jahrhunderts fungiert er nun als Orgelempore im Westteil der Kirche.

Auch die Stiftergräber von Helene und Volkmar von Wildenstein (eine gotische Kopie des romanischen Originals) haben ihren alten zentralen Platz in der Vierung verloren und sind in dem nördlichen Querschiffarm aufgestellt. Vor der Wand steht ein weiterer Grabstein von 1521. Darüber hinaus befinden sich an derselben Wand ein gemaltes Barockepitaph von 1684 sowie ein Sandsteinrelief mit einer Kreuzigungsszene (um 1500): Dargestellt sind Christus und die beiden Schächer, ferner unter dem Kreuz Maria, Johannes und die kniende Maria Magdalena sowie zwei Soldaten; einer der Soldaten reicht Jesus den Essigschwamm, der andere sticht ihn mit der Lanze in die Seite. Auf einem kleineren Relief etwas weiter im nördlichen Seitenschiff ist diese Szene wiederholt. Im Westen des nördlichen Seitenschiffes befindet sich ein qualitätvolles, jedoch stark verwittertes Sandsteinrelief, das den Abschied Christi von Maria zeigt. Es ist ebenso wie das Triumphkreuz - der Gekreuzigte mit natürlichem Haar und Dornenkrone - in das frühe 16. Jahrhundert zu datieren. In den beiden Seitenapsiden befinden sich jeweils Marienklagen: die noch die alte Bemalung zeigende Pietà in der südlichen Apsis (mit Reliquie auf der Rückseite und Vertiefungen im Gewand der Maria, die ursprünglich mit Halbedelsteinen versehen waren) stammt aus dem Jahre 1476; die andere Pietà am nördlichen Altar ist eine Arbeit des 13./14. Jahrhunderts.

Bestimmend für den Gesamteindruck des Kircheninneren ist jedoch der nach byzantinischem Vorbild ausgemalte Chor, in dessen Kuppel Maria mit dem Christuskind thront. Das Wandfeld über dem Gurtbogen zeigt Christus im Segensgestus umgeben von Engeln. Sämtliche Malereien entstammen der ersten Hälfte des 13. Jahrhunderts. Das im Kloster Neuwerk entstandene Goslarer Evangeliar (um 1240) weist ebenfalls byzantinischen Einfluß auf.

Von den Klostergebäuden sind lediglich noch eine an die Stadtmauer grenzende romanische Mauer sowie der südlich von der Kirche gelegene schlichte Barockfachwerkbau (1719) erhalten. Wie die Frankenberger Nonnen weigerten sich auch die Neuwerksnonnen hartnäckig, nach der Reformation (1528 in Goslar eingeführt) den neuen Glauben anzunehmen. Auch sie fanden Rückhalt in Herzog Heinrich d. Jüngeren von Braunschweig-Wolfenbüttel, auch sie mußten sich seinem protestantischen Nachfolger Julius beugen (1568). Nach vielen Konflikten und Prozessen gewann die Stadt Goslar 1767 endgültig die Oberhoheit über den Konvent. Bis 1969 diente das evangelische Damenstift als Versorgungsstätte für Töchter von Goslarer Geistlichen, Lehrern und Beamten. Seit 1965 fungiert die Neuwerkskirche als Gemeindekirche des Bezirks Markt-Georgenberg.

Der hohe Westbau der Jacobikirche

Die Marktkirche mit Türmen und Westbau aus der Zeit der Romanik

St. Jacobi

Als Eigenkirche des Hildesheimer Bischofs Hezilo wurde die bereits 1073 urkundlich überlieferte St. Jacobikirche bald als Pfarrkirche der Goslarer Bürger genutzt. Die heutige Hallenkirche ist das Ergebnis einer differenzierten Baugeschichte. Ursprünglich war die Jacobikirche eine kreuzförmige, flach gedeckte Pfeilerbasilika in den Dimensionen einer mittleren Stifts- oder Klosterkirche, etwa wie St. Michael in Hildesheim. Romanische Bauteile sind noch im Mittel- und im Querschiff sowie im Westwerk erhalten geblieben. Schon zu Beginn des 12. Jahrhunderts wurde als erste Erweiterung mit dem Westwerk begonnen. Dort sind noch an der Außenfront Reliefstücke dämonischer Wesen mit apotropäischer, das heißt Unheil abwehrender Bedeutung zu erkennen. Das Kircheninnere zeigt heute im Hauptschiff ein Kreuzrippen-, dagegen in den beiden Seitenschiffen ein Kreuzgratgewölbe. Nach der Einwölbung in der Mitte des 13. Jahrhunderts trat an die Stelle des romanischen Chors ein größerer gotischer Chor. In seine Nordseite wurden außen Reste aus romanischer Zeit eingearbeitet: ein rechteckiges Muldennischenrelief mit Christus, darunter die Plastik eines Löwen. An der Südseite ist eine weltliche Frau mit Zepter über einem Drachen (Kopie) angebracht; die höfische Aufmachung der Figur ermöglicht eine Datierung in die Jahre 1250/60. Das Original befindet sich in der Westeingangshalle der Kirche.

Dem Bevölkerungswachstum während der Blütezeit der Stadt Rechnung tragend veränderte und vergrößerte man um die Wende vom 15. zum 16. Jahrhundert das Äußere der Kirche grundlegend. Die romanischen Mauern wurden zunächst außen von neuen Seitenmauern umfaßt, damit der Gottesdienst auch während dieser spätgotischen Um- und Erweiterungsphase nicht unterbrochen werden mußte. Nach Abbruch der romanischen Mauern 1512 und der Überwölbung war damit eine Hallenkirche mit drei gleichhohen Schiffen entstanden, wobei die Seitenschiffe bemerkenswerterweise breiter als das Mittelschiff sind. Gleich danach errichtete man die südliche Portalvorhalle (1516); über dem Portal trägt ein Medaillon die Figur des Jacobus (Patron der Kirche) mit der Pilgermuschel. Kurz nach diesen Baumaßnahmen bildete die Jacobikirche mit ihrer vornehmlich aus Handwerkerkreisen stammenden Gemeinde (siehe die Gildewappen am Gurtbogen zwischen den Westvierungspfeilern) das Zentrum von Unruhen mit der Kritik an den bestehenden geistlichen und sozialen Verhältnissen. Die 1528 in Goslar eingeführte Reformation fand hier einen besonderen Rückhalt.

Mit dem wirtschaftlichen Niedergang der Stadt in der frühen Neuzeit endete für lange Zeit auch die Bautätigkeit an der Kirche. Erst Mitte des 18. Jahrhunderts kam es zur nächsten entscheidenden baulichen Veränderung, als die Kirche ihr Walmdach erhielt (1744). 1754 baute man an der Südseite des Chores die ältere Sakristei an, 1936 wurde auf der Nordseite des Chorquadrats eine zweite Sakristei errichtet.

Von den spätmittelalterlichen Kunstgegenständen sind zu nennen: das monumentale Holzkruzifix im hinteren südlichen Seitenschiff (ehemaliges Triumphkreuz, um 1500), die Schnitzfigur der hl. Barbara an der nördlichen Seitenwand (Ende des 15. Jahrhunderts), ein Sandsteinrelief von 1516 mit einer Darstellung der Marienkrönung nebst kleinen Stifterfiguren zu Füßen Mariens am Westende des nördlichen Seitenschiffes. Hervorzuheben ist die Pietà (um 1520) in der nördlichen Turmhalle von Hans Witten, einem der Hauptmeister der deutschen spätgotischen Plastik. Im 16. und 17. Jahrhundert wurden das kupferne Taufbecken (1592), die frühbarocke Kanzel (1620) und die Orgel (um 1650) gefertigt. Der Orgelprospekt zeigt Gemälde mit musizierenden Engeln. Der größte und bestimmende Teil der Kirchenausstattung entstammt dem Spätbarock und kommt aus dem aufgelösten Kloster Riechenberg (Hochaltar und Seitenaltäre, Beichtstuhl, das Seitengestühl von der Goslarer Bildschnitzerfamilie Lessen), als die preußische Regierung St. Jacobi 1803 der katholischen Gemeinde übergab; nach einer Volkszählung von 1802 waren von den knapp über 5 000 Einwohnern 83 Personen katholischen Glaubens. Bis nach dem Zweiten Weltkrieg blieb St. Jacobi für die Stadt und das Umland das einzige katholische Gotteshaus.

Erwähnenswert sind die Wandmalereien aus der Zeit um 1270 im Chor: St. Peter, darunter die Heimkehr des verlorenen Sohnes, Johannes der Evangelist sowie die Apostel Andreas, Jakobus und Johannes der Täufer. Am Kanzelaufgang ist als Zeichen der religiösen Wirren zu Anfang des 16. Jahrhunderts ein Baum mit einer Axt und entsprechendem Bibelzitat (Math. 3,10) in Freskomalerei dargestellt. Aus gleicher Zeit stammt die Wandmalerei mit dem hl. Jacobus, die sich ganz in der Nähe an der südlichen Seitenschiffwand befindet.

Marktkirche

Wie für alle Goslarer Pfarrkirchen besaß der heute nicht mehr existente "Dom" auch Vorbildfunktion für die 1151 erstmalig urkundlich überlieferte Marktkirche St. Cosmas und Damian, deren ursprüngliche Form eine dreischiffige, kreuzförmige Pfeilerbasilika mit zwei Westtürmen gewesen ist. Das Innere wird vom Grundrißschema der romanischen Basilika, dem sogenannten gebundenen System bestimmt, wobei einem Mittelschiffjoch jeweils zwei Joche in den Seitenschiffen entsprechen.

Die Einwölbung der Flachdecke zog sich über ein ganzes Jahrhundert hin: Im Langhaus wurde sie mit Kreuzgratgewölben begonnen (um 1200), während das Chorhaupt frühgotische Rippen aufweist (um 1300). Eine wesentliche Erweiterung erfuhr der Bau im 14. und 15. Jahrhundert, als der Chor vergrößert und an beiden Seiten jeweils ein neues Schiff hinzugefügt wurde. 1535 erfolgte als letzte mittelalterliche bauliche Veränderung der Anbau der zweistöckigen Sakristei, des sogenannten Konsistorialzimmers, anstelle der nördlichen Seitenapsis. Diese Form der fünfschiffigen Basilika blieb erhalten, da die allgemeine Notlage zu Beginn des 16. Jahrhunderts die geplante Umwandlung in eine Hallenkirche nicht zuließ. Als besonderen Schatz besitzt die Marktkirche neben der bedeutenden Bibliothek mit reichem Bestand an früher Buchdruckkunst neun mittelalterliche Glasfenster aus dem ersten Drittel des 13. Jahrhunderts. Sie sind im nördlichen Teil des Querschiffes ausgestellt und zeigen Szenen aus dem Martyrium der Schutzpatrone St. Cosmas und Damian, die der Legende nach kranke Menschen und Tiere zur Ehre Gottes geheilt haben. Das frühgotische Kruzifix in der südlichen Apsis gehört nicht zur ursprünglichen Ausstattung der Kirche, sondern ist eine Leihgabe des Großen Heiligen Kreuzes. Aus der Renaissance stammen das Taufbecken aus Bronze (1573), gegossen von Magnus Karsten, dessen schönes Wohnhaus in der Goslarer Bergstraße 53 steht. An der südlichen Querschiffwand finden sich Reste spätgotischer Wandmalereien (um 1440). Ende des 16. Jahrhunderts entstanden sind ein Armleuchter aus Messing (1581; heute rechts seitlich von der südlichen Nebenapsis angebracht) sowie die Renaissance-Kanzel (1581) mit acht Reliefdarstellungen vom Sündenfall Adams und Evas bis zur Himmelfahrt Christi. Das erste Relief trägt das Monogramm des Meisters Hans Seek (HS). Den barocken Schnitzaltar (1659), ein Spätwerk des Osteroder Künstlers Andreas Gröber, stiftete die Goslarer Familie Holtzmann. Ende der achtziger Jahre dieses Jahrhunderts bekam das Retabel seine ursprüngliche Form zurück, die man während eines Umbaus 1844 verändert hatte. Der Altar wird heute von drei modernen Glasfenstern nach Entwürfen von Johannes Schreiter hinterfangen. Außer dem Grabdenkmal der Goslarer Arztfamilie Fischbeck aus Marmor (1708), einem Lesepult (vermutlich aus der Werkstatt der Schnitzerfamilie Lessen, um 1700) sind von der Innenausstattung noch die Büste des Nikolaus von Amsdorf aus dem Jahre 1928 zur 400-Jahr-Feier der Reformation in Goslar zu nennen. Dieser aus Magdeburg gerufene Theologe hatte 1528 in allen Goslarer Kirchen den lutherischen Gottesdienst eingeführt.

Die Marktkirche ist die größte und wichtigste der ehemals fünf Goslarer Pfarrkirchen: Hier amtierte im Mittelalter der Archidiakon, hier versammelte sich nicht nur nach den feierlichen Ratswahlen die weltliche Obrigkeit zum Gottesdienst, hier tagte nach der Reformation im eigens dafür 1535 angebauten Konsistorialzimmer das geistliche Ministerium unter dem Superintendenten. Das Konsistorium wachte über die Einhaltung von Kirchen- und Eherecht sowie über Sitte und Moral. Hoch oben in der Turmstube der Marktkirche warnte der Nacht- und Feuerwächter vor äußerer Bedrohung.

Kirche und Kloster Frankenberg

Versteckt liegt die eintürmige Frankenberger Kirche

Die Frankenberger Kirche St. Peter und Paul, 1108 erstmalig urkundlich überliefert, überragt auf einer Anhöhe die ehemalige Bergleutesiedlung. Nennenswerte bauliche Veränderungen der ursprünglich dreischiffigen, flachgedeckten, kreuzförmigen Basilika erfolgten nach der Einwölbung im 13. Jahrhundert, vor allem zur Wende vom 15. zum 16. Jahrhundert: am südlichen Querschiff, am Chor sowie am Westwerk, das einen Teil der Stadtmauern und des Wehrganges bildet; ferner wurden außen an der Nordseite zwei Kapellen angebaut. Nachdem der nördliche Turm baufällig geworden war, entschied man sich 1783 für den Abriß beider Türme bis zur Höhe des Mittelschiffes, um dann ein gemeinsames Dach mit barokker Laterne zu errichten. Im Rahmen einer umfangreichen Restaurierung der Kirche im

Jahre 1873 wurden die nördlichen Außenkapellen wieder abgerissen. Den Gesamteindruck des romanischen dreischiffigen, kreuzförmigen Kirchenraumes bestimmen wesentlich die Westempore mit ihrer Säulenarkadenarchitektur (um 1160) und ihren Wandmalereien sowie die barocke Bergmannsempore gegenüber der Orgel. Die Einwölbung der Kirche, die das sogenannte gebundene System der romanischen Basilika aufweist, geschah in spätromanischer Zeit (um 1230); alle Schiffe haben ein Kreuzgratgewölbe - mit Ausnahme des südlichen Querschiffarms, der im Zuge der gotischen Veränderung zu Beginn des 16. Jahrhunderts ein Kreuzrippengewölbe erhielt.

Ein Großteil der Kirchenausstattung stammt von der katholischen Bildschnitzerfamilie Lessen: der Hauptaltar von 1675 mit Predella (Abendmahl), Kreuzigung, Kreuzabnahme und dem bekrönenden auferstandenen Christus mit der Siegesfahne; an der Kanzel aus dem Jahre 1698 sind über dem Aufgang die Verkörperung der drei christlichen Tugenden plastisch dargestellt: Glaube (Kelch), Liebe (Kinder) und Hoffnung (Anker). Außerdem wurde in dieser Schnitzerwerkstatt die imposante Bergmannsempore (um 1700) gearbeitet, die wegen ihrer barocken Fruchtgehänge im Volk auch "Äppel- und Birnenprieche" heißt. An den Wänden des Langhauses (Obergaden) sind Ende des 19. Jahrhunderts romanische Wandmalereien freigelegt worden, die nur in linearer Vorzeichnung ausgeführt sind. Als noch bedeutender gelten die zum Teil farbigen Malereien über der Westempore, die sich in dreifacher Bogenstellung zum Mittelschiff öffnet. Das Rundbogenfeld über den Säulen zeigt den segnenden Christus umgeben von alttestamentarischen Gestalten. Darüber erscheint Christus als Weltenrichter in der Mandorla, ihm zu Seiten Petrus und Marie (links) sowie Paulus und Maria Magdalena (rechts). Diese Malereien stammen aus der Mitte des 13. Jahrhunderts. Weitere spätromanische Malereien befinden sich an der Innenwand der Westempore. Von der weiteren Kirchenausstattung seien schließlich noch die ebenerdig stehende Renaissance-Kanzel sowie das Triumphkreuz mit dem Kruzifix aus der zweiten Hälfte des 15. Jahrhunderts genannt.

St. Peter und Paul diente nicht nur der Frankenberger Gemeinde als Gotteshaus, sondern gleichzeitig dem benachbarten Orden der Maria-Magdalenerinnen, auch büßende Schwestern oder Reuerinnen genannt, als Klosterkirche. Unmittelbar nach der Gründung dieses Ordens 1235 durch den Bischof von Hildesheim hatte der damalige Pfarrer Ambrosius seine Kirche dem Konvent mit der Auflage übertragen, daß der jeweilige Klosterpropst das Altarlehen der Gemeinde zu versorgen hätte. Dem Ziel des Maria-Magdalena-Ordens, "gefallene" Mädchen oder Frauen von der Prostitution abzuhalten und ihnen die Chance zu einem gottgefälligen Leben zu geben, wurde - wenn überhaupt - schon eine Generation nach der Gründung nicht mehr entsprochen. Vielmehr lebten hier die Töchter wohlhabender Goslarer Bürger.

Von der ehemaligen, wohl sehr bescheidenen Klosteranlage ist nur noch die Mauer, die den Frankenberger Kirchhof von den Klostergebäuden trennt, erhalten. Den Nonnen wurde nicht, wie oft behauptet, die Westempore der Kirche für ihre Andachten, sondern eine hölzerne Prieche im nördlichen Seitenschiff sowie die 1873 abgerissene nördliche Außenkapelle eingeräumt. Als in Goslar im Zuge der Reformation 1528 an allen Pfarrkirchen der lutherische Gottesdienst eingeführt wurde, wollten sich der Propst und die Frankenberger Nonnen nicht unterwerfen. Die Protestanten sperrten ihre Kirche für die Altgläubigen und rissen als äußeres Zeichen ihrer Entschlossenheit die hölzerne Nonnenempore in der Kirche ab. Der Konvent fand Rückhalt beim katholischen Herzog Heinrich dem Jüngeren von Braunschweig-Wolfenbüttel, der nicht nur in Glaubenssachen, sondern auch aufgrund handfester wirtschaftlicher Interessen bezüglich des Berg- und Hüttenwesens ein erbitterter Feind der Reichsstadt war. Die Situation beruhigte sich erst, als mit dem Nachfolger Herzog Julius im Herzogtum die protestantische Lehre Einzug hielt und aus dem Kloster ein protestantischer Konvent von drei (Braunschweiger) Damen mit einer adligen Domina entstand. Diese bewohnten ab 1704 das neu errichtete Fachwerkhaus, welches in jüngster Zeit als Seniorenheim genutzt wird. Sein Zugang führt durch ein spätgotisches Tor (1510), das ursprünglich an der Bergstraße 61 stand.

Den Reiz der Gesamtanlage am Frankenberger Plan erhöhen das ehemalige Küsterhaus (1504), dessen Tor zur Kirche führt, ebenso wie das daneben liegende Kleine Heilige Kreuz. In diesem 1496 gestifteten Hospital zum Wohle der Armen, vornehmlich für im Dienste der Stadt Goslar alt gewordener Mägde, lebten acht bis zehn alte Frauen. Heute dient das im Jahre 1686 erneuerte Gebäude als Gemeindehaus der Frankenberger Pfarre.

Tympanon über dem Ostportal der Frankenberger Kirche

Der Schuhhof

Zwei der restaurierten Monarchenfiguren an der Kaiserworth am Markt

St.-Stephani-Kirche

"Demnach Bürgermeister und Raht zu Goslar bey Uns [dem König Georg II. von Hannover] geziemend und beweglich vorgestellet / welcher gestalt die gute Stadt Goslar zu Anfang dieses Jahres durch eine erschreckliche Feuers-Brunst heimgesuchet / und dadurch nicht allein die schöne Stephanskirche / sondern auch ein guter und der beste Theil der Stadt eingeäschert worden / so daß die armen Leute ... ausser Stande gerahten / ihre Häuser wiederum aufzubauen ..., wenn ihnen nicht von denen benachbarten einige Beyhülffe zu ihrer Wiederaufhelffung gegeben würde / derohalben inständigst eine Collecten-Sammlung in hiesigen Landen nachgesuchet, und Wir denn solchem Gesuch in Gnaden statt gethan." So lautet ein Kollektenaufruf vom Oktober 1728 in den hannoverschen Landen nach dem schrecklichen Brand, der in der Nacht vom 26. zum 27. April jenes Jahres in der Goslarer Unterstadt gewütet hatte. Verloren hatten die Opfer nicht nur 186 Wohnhäuser mit Nebengebäuden sowie 40 Brauhäuser, sondern auch ihre "fürtrefliche" Stephanikirche. Die 1142 erstmalig urkundlich überlieferte Pfarrkirche hatte die Form einer dreischiffigen, kreuzförmigen, romanischen Pfeilerbasilika, deren Flachdach wie das der Jakobikirche Mitte des 13. Jahrhunderts gewölbt worden war. Den durch den Brand erlittenen schweren Verlust konnten die 16 000 Gulden Kollektengelder, die der Diakon der Kirche, Joachim Mund, auf langen Reisen durch Norddeutschland teilweise persönlich sammelte, zwar nicht ausgleichen, dennoch entstand in den Jahren 1729 bis 34 eine beachtenswerte nachgotische Hallenkirche, die sich vorzüglich in das Stadtbild einpaßt. Mit ihr hat der Baumeister Johann Daniel Köppel einen Bau im schlichten norddeutschen Barockstil realisiert. Die Bausubstanz der dreischiffigen, fünfjochigen, querhauslosen Hallenkirche blieb bis heute nahezu unverändert. Das ursprünglich sehr schlichte Kircheninnere wurde 1898 von dem Goslarer Dekorationsmaler C. Rumpel ausgemalt, jedoch 1933 bei einem erneuten Anstrich ohne Bilderschmuck getilgt. Bei den Renovierungsarbeiten von 1898 erhielt die Kirche ein farbiges Glasfenster für die Taufkapelle (Taufstein aus Marmor von 1743), neues Gestühl sowie die Brüstung der Orgelprieche (aus der Werkstatt der Goslarer Bildschnitzerfamilie Lessen). Der barocke Hochaltar von 1767 stammt von dem Hildesheimer Bildhauer J. C. Mohr, die Ausmalung der Kreuzigungsszene von dem Goslarer Kunstmaler Philipp Conrad Hischebeck. Das Abendmahlbild in der Predella, möglicherweise von Daniel Lindemeyer für den Goslarer "Dom" angefertigt, ist älter (1610). Hingewiesen sei noch auf die an der Nord-Ostwand angebrachte Kopie von spätmittelalterlichen Altartafeln (um 1500) der abgebrannten Stephanikirche. Dargestellt sind Christus als Schmerzensmann sowie der Abschied von seiner Mutter. Eine sehr ähnliche Darstellung des Schmerzensmannes findet sich auf der Innenseite der Kapellentür im Huldigungssaal des Goslarer Rathauses, so daß sich die Vermutung aufdrängt, es handele sich in beiden Fällen um denselben Meister.

Marktbezirk

Neben dem Pfalzbezirk bildet der Marktplatz die Hauptattraktion für alle Goslar-Besucher. Während die Kaiserpfalz Erinnerungen an die große Zeit Goslars als Aufenthaltsort der Könige und Kaiser weckt, repräsentiert der Markt die Epoche der reichen und unabhängigen Stadt der Bürger.

Auch historisch wenig interessierte Touristen lassen sich gern vom Charme dieses Ortes einfangen: der altehrwürdige plätschernde Marktbrunnen mit dem Reichsadler, der zum Wahrzeichen der Stadt geworden ist, das mittelalterliche Rathaus mit den dahinter erscheinenden ungleichen Türmen der Marktkirche, die prächtige Kaiserworth, die Stein- und Fachwerkhäuser von Bürgern, Gilden und Stadtobrigkeit bilden ein malerisches Ensemble, dessen Wirkung man sich nur schwer entziehen kann. Wenn dann auch noch das Glockenspiel im Dachgeschoß des Kämmereigebäudes gegenüber dem Rathaus mit Musik und Figurenumlauf die Sage vom Ritter Ramm erzählt, vom Beginn des Bergbaus am Rammelsberg, und wie es damit weiterging, werden auf dem Marktplatz auch schon einmal die Stehplätze knapp.

Bereits in den vergangenen Epochen war der Markt unzweifelhafter Mittelpunkt des städtischen Lebens. Nicht nur Handel und Wandel spielten sich hier ab; mit dem Rathaus bildete er zugleich das politische Zentrum des Gemeinwesens. Der heutige Marktplatz entstand bei der Erweiterung des Stadtgebietes in südlicher Richtung, zum Flüßchen Abzucht hin. Vorher befand er sich im Bereich des heutigen Schuhhofes.

Eine Vorstellung von dem regen Treiben der früheren Jahr- und anderen Märkte erweckt der heute hier stattfindende Wochenmarkt. Altstadtfest und Weihnachtsmarkt nutzen gern die stimmungsvolle Kulisse des Marktplatzes und bieten vielseitige Angebote für Gaumen, Augen und Ohren.

Ähnlich muß es auch damals gewesen sein, als sich die Bürger der Stadt auf dem Markt mit den landwirtschaftlichen Produkten des Umlandes versorgten und die Bauern der Gegend die Erzeugnisse des Fleißes der Goslarer Handwerker erwarben. An der Grenze zwischen Harzvorland und Oberharz gelegen, hatte die Stadt als Marktort jedoch auch überregionale Bedeutung. Das drückt sich unter anderem in der Tatsache aus, daß Goslar dem Städtebund der Hanse beitrat.

Die Gildehäuser

Das Recht, einen Markt abzuhalten, war ein wichtiges Privileg der Stadt. Die Obrigkeit sorgte dafür, daß beim Kaufen und Verkaufen alles mit rechten Dingen zuging. Daran erinnert noch heute die vor dem Rathaus befindliche Kopie der alten Goslarer Elle. Hier konnte jedermann überprüfen, ob z. B. die Leinwand oder das kostbare Tuch richtig zugemessen war. Erworben hatte man dieses bei den Gewandschneidern, die ihren Sitz direkt am Markt hatten und gleichzeitig den Groß- und Fernhandel ausübten.

Die Schuster hielten ihre Waren am Schuhhof feil; Verkaufsstätte der Schlachter oder Knochenhauer war der Fleischscharren, von dem nur noch der Straßenname übriggeblieb. Die Bäcker wiederum boten ihre Waren im Bäckergildehaus an der Marktstraße an. An die zeilenförmig aufgereihten

Die Kaiserworth vor (oben links) und nach der Restaurierung 1991/92

Das Bäckergildehaus

Verkaufsstände der einzelnen Berufsgruppen erinnern heute nur die schmalen Gassen der Hokenstraße - hier verkauften die Kleinhändler oder Kramer -, und die Fischemäkerstraße.
Gewandschneider, Kramer, Bäcker, Schuster und Knochenhauer waren die wichtigsten Gewerbe der Stadt. Schon früh hatten sich die Handwerksmeister zu Vereinigungen - Gilden, Zünfte oder Innungen genannt - zusammengeschlossen. Nach innen wachten diese z. B. über die Qualität der Waren und die korrekte Ausbildung des Nachwuchses. Außerdem waren die Gilden Lebensgemeinschaften. Gemeinsame Festlichkeiten und Zunftgelage, die Teilnahme am Begräbnis von Gildebrüdern sowie eine gewisse Absicherung von Witwen und Waisen bildeten Aspekte der sozialen Funktion der Gilden. Nach außen vertraten sie die Interessen ihrer Mitglieder; die sogenannten "ratsfähigen Gilden" hatten zudem das Recht, die Mitglieder des Stadtrats zu wählen; sie bestimmten somit die Obrigkeit der Stadt.
Für das reichsfreie Goslar waren Bürgermeister und Rat die Landesherren; übergeordnete Instanz war nur noch der Kaiser. Tatsächlich konnte die Stadt auf ihre Unabhängigkeit und Selbständigkeit lediglich so lange bauen, wie sie wirtschaftlich und poltitisch mächtig genug dazu war. Auch darf man sich unter dem Stadtrat keine in unserem Sinne demokratische Einrichtung vorstellen. Die Ratsmitglieder übten ihr Amt auf Lebenszeit aus und entwickelten mehr und mehr ein obrigkeitliches Verhältnis zu ihren "Untertanen". Die Masse der nichtbürgerlichen Bevölkerung Goslars, die Gesellen und Tagelöhner, die Bergleute und das Gesinde - und natürlich die Frauen - war ohnehin nicht im Rat vertreten. Wollte sich ein Bürger in die Geschicke der Stadt einmischen, setzte dies die Mitgliedschaft in einer Gilde zwingend voraus.
Eindrucksvolle Beweise für die einstmalige Bedeutung dieser berufsständischen Vereinigungen liefern für den heutigen Goslar-Besucher die verbliebenen prachtvollen Gildehäuser. Dort fanden Versammlungen und Festlichkeiten statt; im Erdgeschoß wurden die Waren zum Verkauf angeboten. Außerdem gab es noch Lagermöglichkeiten für Vorräte und Waren. Aus Gründen der Sicherheit, aber auch der Repräsentation waren die Gildehäuser zumeist Steinbauten. Dennoch haben nicht alle Gildehäuser die Zeitläufte überdauert. Der Fleischscharren wurde zu Beginn unseres Jahrhunderts abgebrochen, Kramer- und Schustergildehaus fielen Brandkatastrophen zum Opfer. Letzteres wurde nach dem Brand von 1780 als wesentlich bescheidenerer Fachwerkbau an alter Stelle wiedererrichtet.

Die Worth

Erhalten geblieben ist dagegen die Worth, das Gildehaus der reichen Fernhändler und Gewandschneider. Es wurde 1494 nach Vorgängerbauten fertiggestellt und steht seitdem gleichsam als Konkurrenz zum Rathaus am südlichen Rand des Marktplatzes, an der Ecke zur Worthstraße. Haus- und Straßenname leiten sich von der niederdeutschen Bezeichnung für eine vor Hochwassern sichere erhöhte Geländestelle ab.
Lage und Aussehen des Versammlungsortes dieser nach ihrem Hause auch Worthgilde genannten Vereinigung sagen bereits viel über die wirtschaftliche und politische Bedeutung aus. Wie in anderen Städten nahm sie innerhalb der Gilden eine herausragende

Stellung ein. Stolz und Selbstbewußtsein drückt schon das an der Worthstraße befindliche Wappen der Kaufmannsgilde aus. Ihre Mitglieder verdienten gut bei ihren Großhandelsgeschäften und an dem Recht, die kostbaren Tuche zu zerschneiden und somit dem Einzelhandel zuzuführen. So ist es nicht erstaunlich, daß sie die mehrfache Anzahl von Ratsherren wie die anderen Gilden stellte. Auf der Worth wurde in so manchen Jahren mehr Politik gemacht als im Rathaus. Daß sie nach der Renovierung 1991/92 dem Rathaus auch optisch die Schau stiehlt, entspricht sicherlich den Vorstellungen und Wünschen der Erbauer. Die Ideen für die heute wieder erkennbare ursprüngliche farbliche Gestaltung der Fassade haben die Fernhändler wahrscheinlich von ihren Reisen in südlichere Gefilde mitgebracht.

Bemerkenswert ist vor allem der reiche Figurenschmuck der Fassade. Die kleinen steinernen Figuren stammen aus der Zeit der Erbauer; bekannt und beliebt bei Goslarern und Besuchern ist vor allem die an der Worthstraße angebrachte Figur des Dukatenmännchens. Aber auch die originellen Wasserspeier verdienen Beachtung. Die hölzernen Kaiserfiguren dagegen sind erst nach 1820 in die gar nicht recht hierfür passenden Nischen eingestellt worden.

Damals war die große Zeit der Gilden auch in Goslar bereits vorbei. Die französischen Besatzer hatten zu Beginn des 19. Jahrhunderts diese berufsständischen Vereinigungen aufgelöst, ihre Besitztümer enteignet und versteigert. Der neue Eigentümer nutzte das Gebäude als Hotel und brachte die möglicherweise aus klösterlichem Besitz stammenden Figuren als zugkräftige Werbung an der Fassade an. Damit hoffte er, sich besser gegen die Konkurrenz des ebenfalls in der Worthstraße ansässigen "Römischen Kaisers" durchzusetzen, eines bereits aus dem Mittelalter stammenden "Ausspanns", also einer Unterkunft auch für Pferd und Wagen. Aus den 30er Jahren des 19. Jahrhunderts stammt die bis heute übliche Bezeichnung "Kaiserworth" für das seitdem als Gaststätte und Hotel über Goslar hinaus bekannte Haus.

Das Bäckergildehaus

Ein ähnliches Schicksal wie die Worth erfuhr das Bäckergildehaus auf der spitzen Ecke, die Markt- und Bergstraße im Südwesten des Marktes bilden. Auch dieses Gebäude wurde enteignet und befindet sich seit dem Beginn des 19. Jahrhunderts in Privatbesitz. Das ehemalige Gildehaus wurde als Gastwirtschaft genutzt; auf alten Bildern ist die Fassade mit Werbeinschriften verziert und durch Anbauten entstellt. Nach behutsamer Restaurierung wurde das Bäckergildehaus stilvoller Sitz einer Zweigstelle der Industrie- und Handelskammer Braunschweig.

Entstanden ist das repräsentative Gebäude in der spätmittelalterlichen Blütephase der Stadt Goslar, an der Giebelseite findet man das Wappen der Bäcker mit der Jahreszahl 1501. Das Wahrzeichen enthält außerdem den Reichsadler, den auch diese Vereinigung als kaiserlich privilegierte Gilde mit Stolz führte, und heute wie damals gebräuchliche Gebäcke, nämlich Brezel und Lebkuchen sowie das für Goslar typische gefüllte dreizipfelige Timpenbrot.

Die Größe des Gebäudes spiegelt die Bedeutung wider, die die Bäcker als wichtigstes nahrungsmittelproduzierendes Gewerbe für die Stadt hatten. Man muß sich dabei vor Augen führen, daß die Mehrzahl der Goslarer, insbesondere die ärmeren Bevölkerungsschichten, fast ausschließlich von Brot und anderen Getreideprodukten lebten. Zur Lagerung der Getreidevorräte wurde 1557 noch ein Speichergeschoß in Fachwerk dazugefügt. Die Verkaufsräume des Bäckergildehauses lagen in Gewölben etwas unterhalb des Straßenniveaus. Die darüberliegende Halle für Festlichkeiten und Beratungen blieb, anders als bei der Worth und bei dem Nachfolgebau der Schustergilde am Schuhhof, weitgehend erhalten.

Kämmereigebäude mit Glockenspiel im Dachgeschoß

Historisches Rathaus mit Marktbrunnen

Zahlreiche Reliefs schmücken die Ostfront des "Brusttuchs"

Das Rathaus

Neben den bereits genannten Gilden hatten die Schmiede, die Kürschner und die Schneider Anteil am Stadtregiment. Die anderen berufsständischen Vereinigungen, die Zünfte und Innungen der kleineren Gewerke, waren im Stadtrat nicht vertreten und somit reine Berufsorganisationen. Die einstmals bedeutende Gilde der Münzer war bereits im 15. Jahrhundert ausgeschieden. So erging es auch den Vertretern der Sylvanen und Montanen, den Berg- und Hüttenherren des Rammelsberges, die nach dem 1552 eingetretenen Verlust der Rechte am Bergbau ihre Bedeutung verloren.

Sitz der Stadtregierung war das Rathaus, dessen wichtigste Teile kurz vor der Worth, also in der 2. Hälfte des 15. Jahrhunderts, erbaut wurden. Dies war der Höhepunkt der spätmittelalterlichen Blütephase Goslars. Die Stadt hatte zu dieser Zeit ihre Selbständigkeit erfolgreich verteidigt und verdiente gut am Bergbau und am Handel. Für die wachsenden Aufgaben in der Regierung und Verwaltung der Stadt benötigte man ein ausreichendes Gebäude, das zudem der Repräsentation dienen sollte. Zunächst entstanden der zum Markt hin gelegene Gebäudeteil mit der laubenartigen Kaufhalle im Untergeschoß sowie zwei zur Marktkirche hin gelegene kurze Flügelbauten. Das Obergeschoß diente als Gerichts- und Ratssaal; aus dieser Zeit stammt die dem Firmament nachempfundene sternenübersäte blaue Dekkenbemalung. Ursprünglich wurden die Gerichtstage ja unter Gottes freiem Himmel abgehalten. Neben einigen Nebenräumen enthielt das Stockwerk noch die damals nur aus dem Stadtschreiber bestehende Verwaltung.

Im Keller beherbergte das Rathaus die Ratsweinstube: das einzige Lokal in der Stadt, in dem der Luxusartikel Wein angeboten werden konnte. Der Eingang des Ratskellers befand sich übrigens an der Marktfront, dort, wo noch heute ein kleines Steinfenster zwischen den Arkaden erscheint. Der unter dem Kaiserbildnis befindliche jetzige Zugang war ursprünglich ein Tor zu dem kleinen Innenhof des Rathauses.

Der zunehmende Schriftverkehr der sich entwickelnden Verwaltung erforderte bald neue Anbauten. Bereits um 1500 entstand die Marienkapelle, ein Gebeinhaus für den Marktkirchenfriedhof, in deren Obergeschoß das erste städtische Archiv seinen Platz fand. Weitere An- und Umbauten vervollständigten das Ensemble zu seiner heutigen Erscheinung.

Im Innern gilt als bemerkenswertester Raum der sogenannte Huldigungssaal, ein spätgotisches Gemach, dessen Wände und Decke mit beeindruckenden Tafelbildern geschmückt sind. Die biblischen Motive dieser Bildwerke spiegeln das religiös geprägte Selbstverständnis der Stadtväter jener Zeit wider; dieser Saal diente nämlich trotz des etwas irreführenden Namens nicht etwa der Kaiserhuldigung, sondern dem Rat als Sitzungssaal. An der Ostseite des Gemachs sind die Vertäfelungen als zweiflügelige Tür gearbeitet, die den Zutritt zur Trinitatiskapelle des Rates gestatten, einem mit Wandmalereien geschmückten Altarraum.

Allein mit der Beschreibung und Auslegung der Bildwerke des Huldigungssaales, aber auch der anderen Kostbarkeiten des Rathauses sind bereits Bände gefüllt worden. Erwähnt seien hier nur noch das Weltgerichtsgemälde im ehemaligen Gerichtssaal und die Kronleuchter der Däle. Der hierdurch angezogene Besucherstrom stellt die Denkmalpflege vor schier unlösbare Probleme: ein für etwa 20 Ratsherren gebauter Sitzungssaal ist einem Ansturm von mehreren zehntausend Besuchern pro Jahr nun einmal nicht gewachsen.

Der Marktbrunnen

Den Mittelpunkt des Marktplatzes bildet heute der zweischalige Marktbrunnen mit dem vergoldeten Reichsadler, Wahrzeichen des ehemaligen Status der Stadt Goslar als kaiserlich freie Reichsstadt und zugleich beliebtes Fotomotiv. Früher stand der Brunnen jedoch im Kreuzungspunkt der auf den Platz zuführenden Straßen, also unweit der Einmündung der Worthstraße. Damals half er noch mit bei der Versorgung des Marktbereichs mit frischem Quellwasser. Erst die Umgestaltung des Marktplatzes im 19. Jahrhundert rückte den Brunnen ins Zentrum, wozu auch die sternförmige Pflasterung mit landschaftstypischen Steinen diente.

Genaue Entstehungszeit und ursprünglicher Standort von Brunnenschale und kaiserlichem Adler liegen im Dunkeln; möglicherweise sind sie einmal für den Pfalzbezirk geschaffen worden. Insbesondere die untere Brunnenschale stellt eine beeindruckende handwerkliche Leistung der hochmittelalterlichen romanischen Bronzegießerkunst dar. Der nur wenig majestätisch wirkende Adler war immer wieder das Ziel feuchtfröhlicher Attacken und hemmungsloser Souvenirjäger; seit 1949 befindet sich daher das Original im Rathaus.

Neben den großen Gildehäusern faszinieren auch die kleinen Fachwerkhäuschen wie hier in der Oberstadt

Stammhaus der Familie Siemens in der Schreiberstraße

Das Brusttuch

Neben den Bauten der Stadtobrigkeit und der Gilden gab es im Marktbereich auch einige eindrucksvolle Bürgerhäuser. Der Marktkirchensprengel war eindeutig das bevorzugte Wohnquartier der wohlhabenderen Bevölkerungsschicht Goslars. Außer dem an der Ecke Marktstraße / Münzstraße gelegenen Haus der Familien Grymmen und Mechthusen ist es das Brusttuch, das vor allem durch sein reiches Schnitzwerk die Beschauer fasziniert.

Bereits der Hausname hat zu vielerlei Spekulationen geführt. Wahrscheinlich war es der durch die Lage des Hauses zwischen Hohem Weg und Stoben bedingte dreieckige Grundriß, der diese Benennung mit sich gebracht hat. Besser als über den Ursprung des Namens ist man über den Bauherren informiert. "Magister Johannes Thiling anno 1526", so steht auf der zum Stoben gelegenen Front geschrieben. Thiling stammte aus einer alten und reichen Goslarer Familie, die auch am Bergbau beteiligt war; die guten Gewinnmöglichkeiten in der damaligen Blütephase ermöglichten es so manchem Bürgersohn, eine Universität zu besuchen und, wie Thiling, den akademischen Titel eines Magisters zu erwerben. Etwa zur Bauzeit des Brusttuchs stand Thiling in den Diensten der Stadt als Syndikus.

Der Bau des Hauses war denkbar schwierig: Neben dem eigentümlichen Grundriß waren auch noch die durch einen ehemaligen Wasserlauf bedingte schwierige Bodensituation und die Einbeziehung älterer Bauteile zu bewältigen. Dennoch bietet das "Brusttuch" eine für Goslarer Bürgerhäuser typische Raumaufteilung. Die große Däle ist bis heute erhalten geblieben; der zweigeschossige Wohnteil bestand einstmals im Untergeschoß aus Küche und Wohnraum, im Obergeschoß aus einem repräsentativen Saal.

Das Speichergeschoß, wie üblich in Fachwerk ausgeführt, stellt eine Meisterleistung des damaligen Zimmergewerks dar, weil aufgrund des dreieckigen Gebäudegrundrisses alle Holzverbindungen schiefwinklig ausgeführt werden mußten. Zunächst blieb das Obergeschoß schmucklos; erst nach einigen Jahren kamen die Verzierungen hinzu. Mit der Auswahl seiner Bildmotive bewies der Auftraggeber seinen Gelehrtenstatus und seine humanistische Bildung. So finden sich neben den Figuren des römischen Götterhimmels die Symbole der Alchimie und Astrologie, aber auch Gestalten derber Komik. Mancherlei Anspielungen im Bildwerk beziehen sich auf die Person Thilings, der in Goslar nicht unumstritten war. Die beliebteste Figur ist sicherlich die "Butterhanne" auf einer dem Hohen Weg zugelegenen Knagge. Den Zeitgenossen war übrigens der Blick auf das Schnitzwerk am Hohen Weg kaum möglich, da vor dem Westwerk der Marktkirche noch das Küsterhaus stand und zwischen beiden lediglich eine schmale Gasse verlief.

Wie fast alle alten Häuser hatte auch das Brusttuch ein wechselvolles Schicksal. Zum Ende des 19. Jahrhunderts war es baufällig geworden und diente der Stadt als Behelfsunterkunft. Der Bauunternehmer Völker aus Goslar rettete das Haus vor dem Abbruch und baute es zur "altdeutschen Gaststätte" aus. Die Innenräume wurden dem Zeitgeschmack historisierend ausgeschmückt, wobei verdienstvollerweise die ursprüngliche Raumaufteilung des alten Bürgerhauses wiederhergestellt wurde. Heute bietet das Hotel Brusttuch in historischem Ambiente modernen Komfort, zu dem auch ein Schwimmbad unter dem Schieferdach gehört.

Das Siemenshaus

Die Familie Siemens hatte seit dem 17. Jahrhundert immer mehr an Einfluß gewon nen; zunächst als Handwerker, besonders in der Schuhmachergilde tätig, drangen sie in viele Bereiche des städtischen Wirtschaftslebens vor, wobei sich einige von ihnen durch unternehmerische Fähigkeiten und politischen Ehrgeiz auszeichneten. So stellte die Familie viele Ratsherren und vier Bürgermeister im 18. Jahrhundert. Der Bauherr des großen Stammhauses der Familie von 1693 in der Schreiberstraße 12, Hans Siemens, wird als "vornehmer Handelsherr, Bürger und Brauer" beschrieben. Als Kaufmann war Hans Siemens selbstverständlich Mitglied der Kramergilde und sogar Vormund der Worthgilde der Fernhandelskaufleute. Das Brauen des berühmten Goslarer Bieres, der Gose, bedeutete für die Berechtigten einen hohen Gewinn. In dem Siemenshaus ist noch das vollständige Brauhaus mit dem gemauerten Braukessel und vielen Gerätschaften erhalten. Desweiteren kann dort der Kaufmannsladen aus dem 18. Jahrhundert besichtigt werden, der sich ursprünglich auf der großen Däle des Hauses befand. Das Siemenshaus zeugt von dem beträchtlichen Unternehmen; mit seinen erhaltenen Wohn-, Arbeits-, und Speicherräumen ist es Goslars größtes Bürgerhaus aus dem 17. Jahrhundert.

Schon abseits des großen Trubels liegt das Goslarer Museum an der Abzucht

Ein typisches Bild für die Goslarer Altstadt: farbenfrohes Fachwerk

Goslarer Museum

Unmittelbar an der Abzucht liegt in der Königstraße 1 das Goslarer Museum. Es wurde 1922 in einem Gebäudekomplex eingerichtet, dessen Hauptgebäude man im Jahr 1514 als Stiftskurie erbaute. Beim Umbau für museale Zwecke blieben im Erdgeschoß die typische, beeindruckende Däle eines Patrizierhauses mit einigen gotischen Möbeln und die angrenzende Küche erhalten. Die dahinter liegenden Räume beherbergen u.a. Exponate zu den Themen Gilden und Handwerk (mit Stadtmodell) sowie Rammelsberger Bergbau (mit verschiedenen anschaulichen Modellen). Doch muß hier wie auch bei der weiteren Beschreibung des Museums darauf hingewiesen werden, daß sich das Goslarer Museum zur Zeit der Drucklegung dieses Stadtführers in einer notwendigen Umgestaltungsphase befindet. Einige der nachfolgenden Angaben dürften demgemäß - soweit man hierfür die Finanzmittel bereitstellt - in nächster Zeit veralten. Dennoch soll wenigstens ein grober Eindruck davon vermittelt werden, was das mit unterschiedlichen Sammlungen bestückte Museum bietet.
In der ersten Etage werden Schränke, einige Stilmöbel und Musikinstrumente sowie das Labor der Ratsapotheke gezeigt; weitere Exponate und ein Modell veranschaulichen das Thema Stadtverteidigung. Eigene Ausstellungsräume sind auch der "schwarzen Kunst" - namentlich einer Goslarer Spielkartendruckerei -, dem Münzwesen (Münzkabinett) und dem Kunstgewerbe (Keramik / Glas / Geschirr) gewidmet. Seit neuestem wird hier als eines der herausragenden Exponate zur Stadtgeschichte die Bergkanne aus dem Jahr 1477 präsentiert. Diese ursprünglich zum Ratsschatz gehörende kostbare Goldschmiedearbeit zeigt unter anderen die lebensecht ausgeführten kleinen Figuren arbeitender Bergleute und bietet so einen Einblick in die Arbeits- und Lebenswelt des Rammelsberges im Spätmittelalter. Außerdem befindet sich auf dieser Etage der Raum für Sonderausstellungen.
Die zweite Etage ist der Naturkunde vorbehalten. In der geologischen Abteilung wurde u.a. eine umfassende mineralogische Sammlung untergebracht, die zu besuchen für erdgeschichtlich interessierte und vorgebildete Personen ein "Muß" ist. Im großen Raum kommen alle die auf ihre Kosten, die sich zu ausgestopften Tieren, aufgespießten Insekten sowie zur vielfältigen Welt der Eier und Pilze hingezogen fühlen.
Im Westteil des Erdgeschosses gegenüber der Kasse befindet sich außer der vorgeschichtlichen die kirchenhistorische Sammlung. Aus ihren Exponaten ragen die aus dem sogenannten Dom (1819/22 abgebrochen) stammenden Kunstwerke heraus. Sie sind überwiegend im jüngst renovierten "Domraum"-Anbau von 1931 untergebracht. Man sollte sich Zeit nehmen für die eindrucksvolle Kreuzigungsgruppe, die aus sieben überlebensgroßen Figuren besteht, für Glasmalereien, Wandteppiche, eine Madonnenfigur oder den eigentümlichen Krodoaltar aus dem 11. Jahrhundert. Am Beispiel des Petrialtars wird schließlich in beeindruckender Weise die Restauration alter Kunstwerke veranschaulicht.
Auf Nachfrage ist auch das auf dem Museumsgrundstück liegende Technikdenkmal Klapperhagenmühle zu besichtigen. Dabei handelt es sich um ein Doppelhaus mit zwei

Wasserrädern, vermutlich gelegen auf einem der ältesten Goslarer Mühlenplätze (aus dem 12. Jahrhundert?). Das zum 1544 gebauten östlichen Teil des Komplexes gehörende rückenschlächtige Wasserrad des Untergangs (Durchmesser 4,60 m) läuft zur Freude der Passanten noch heute - allerdings ohne irgend etwas anzutreiben. Es versorgte früher u.a. eine Cementmühle mit Bewegungsenergie. Das oberschlächtige Rad des Obergangs (Durchmesser 3,16 m) im wohl etwas älteren westlichen Gebäudeteil liegt verdeckt hinter Mauerwerk. Inzwischen beschädigt diente dieses Wasserrad als Antrieb einer Lohmühle, wo gerbsäurehaltige Baumrinde für den Bedarf der Lohgerbereien zerkleinert wurde. Das Innere der Lohmühle sollte unbedingt besichtigt werden, denn zum Inventar zählt ein vollständig erhaltenes Stampfwerk, das die Technik der Mitte des 17. Jahrhunderts widerspiegelt.

Großes Heiliges Kreuz

Das Große Heilige Kreuz, Johannes dem Täufer geweiht, ist das bedeutendste und reich dotierteste Hospital in Goslar. Es wurde an der Königsbrücke 1254 gegenüber dem 1227 vom Deutschen Orden gegründeten Hospital errichtet. Von dem ursprünglichen Bau sieht man noch das imposante Portal sowie die romanische Kemenate mit der Kapelle. Der im Gründungsvertrag von 1254 formulierte Bestimmungszweck, das Hospital solle zum Nutzen und zur Wiederherstellung armer Leute dienen, entsprach der Realität nur sehr bedingt. Wie die meisten mittelalterlichen Hospitäler war auch das Große Heilige Kreuz eine Mischung aus Armen-, Alters- und Krankenheim. Begüterte Einwohner kauften sich die Anwartschaft auf einen Pflegeplatz im Alter. Die Leistungen beinhalteten Wohnraum, medizinische Betreuung, Naturalien und finanzielle Zuwendungen. Daß sich diese Art der Altersversorgung großen Zuspruchs erfreute, läßt sich auch daran erkennen, daß 1537 ein Anbau an der Abzucht erfolgte, der die Anzahl von ursprünglich 24 Betten etwa verdoppelte. Die Insassen des Großen Heiligen Kreuzes kamen aus Goslarer Familien. Zunächst lebten Frauen und Männer zusammen in der Däle, wo man noch heute die eingemauerten “Nachtschränke” ihrer Bettstellen sehen kann. Nach einem weiteren großen Umbau im Inneren von 1669, bei dem die Diele Malereien erhielt, hob man durch die Einrichtung einer zweistöckigen Galerie mit Kammern die bisherige gemeinsame Unterbringung von Männern und Frauen auf. Den Gottesdienst versah der Pfarrer der Marktkirche in der hauseigenen Kapelle, so daß auch bettlägerige Bewohner daran teilnehmen konnten. Die weltliche Leitung des Hospitals unterstand außer den zwei städtischen Provisoren einem Hofmeisterpaar, über dessen Aufgaben die Hausordnung aus dem Jahr 1550 Auskunft gibt. Die Bestimmungen beziehen sich auf die Regelung des Zusammenlebens im Hospital, wobei von den Insassen strikter Gehorsam gegenüber Hofmeister und -meisterin gefordert ist. Auch sollten sie deren Anordnungen bezüglich der Verteilung von Diensten beim Backen, Brauen oder anderer Arbeiten Folge leisten. Darüber hinaus mußte

Das Große Heilige Kreuz

Das St.-Annen-Haus

das Hofmeisterpaar über das sittliche Verhalten wachen; zum Beispiel war es ohne sein Wissen untersagt, über Nacht auszubleiben oder im Hospital Feste zu feiern.

Das Brüdernkloster

In den 1819 baulich erweiterten Westflügel der Anlage wurde das ehemals in der Straße Hinter den Brüdern gelegene Franziskanerkloster - 1569 zum Hospital umfunktioniert - mit eigener Verwaltung integriert. Das Brüdernkloster diente vor allem alten Dienstboten zum Heim. Auch diese hatten sich zuvor wie die Bewohner des Großen Heiligen Kreuzes ihren Platz erkauft - jedoch zu einem erheblich geringeren Preis. Dafür erhielten sie einen Schlafplatz, eine beheizte Gemeinschaftsstube sowie kostenlose ärztliche Betreuung und Arzneimittel. Für ihren Lebensunterhalt hatten die Insassen hier selbst zu sorgen; im Extremfall wurde es Arbeitsunfähigen gestattet, an bestimmten Tagen durch die Stadt zu ziehen und zu betteln.

Mit den jüngsten Restaurierungs- und Sanierungsmaßnahmen ist eine Verknüpfung von moderner Nutzung und Bewahrung der einzigartigen Atmosphäre dieses Komplexes gelungen: Die Däle dient städtischen Festlichkeiten als Raum, die Kammern stehen verschiedenen Kunsthandwerkern zur Verfügung; das Brüdernkloster behielt seine ursprüngliche Aufgabe und soll nun in ein modernen Ansprüchen genügendes Seniorenheim umgewandelt werden.

St.-Annen-Haus

"Anna Schaden von Zellerfeld, so hier lang gedient, ein Bein zerbrochen und sich in das S. Annen Haus begeben will, hat E. E. Rath das Bürgerrecht gelassen für 4 fl.". Dieser Vermerk steht in den Goslarer Bürgerbüchern für das Jahr 1683. Die durch ihren Unfall arbeitsunfähig gewordene Magd Anna Schaden hatte damit das Glück, aufgrund ihrer langjährigen Dienste in Goslar das Bürgerrecht für den halben Preis zu erlangen; jenes war wiederum die Voraussetzung, um einen der begehrten Versorgungsplätze im St. Annenhaus erwerben zu können. Nach einem Aktenvermerk aus dem Anfang des 19. Jahrhunderts war "die Bestimmung des Armenhauses zu St. Annen und Gerdrud ... die Unterstützung hiesiger Bürgertöchter, vorzüglich alter, treuer Dienstboten und zwar nur weiblichen Geschlechts". Damit wurde dem Anliegen des Stifters Henninghus Bornemhusen aus dem Jahre 1488, daß hier "arme und kranke Leuten beherberget, ihnen aufgewartet und Handreichungen geleistet" werden sollten, Rechnung getragen - übrigens bis in die 70er Jahre des 20. Jahrhunderts! Im St. Annenhaus - dem ältesten vollständig erhaltenen Holzhaus in Goslar mit angebauter steinerner Kemenate (Küche) - lebten zwischen zwölf und 14 alte Frauen, über die außer den städtischen Provisoren eine Meisterin die Oberaufsicht führte. Alle Frauen nutzten gemeinsam die Küche, die noch vom Vorgängerbau romanische Mauerreste enthält. Zunächst arbeiteten und schliefen sie in der Däle. Mit dem Wandel des allgemeinen Wohnverständnisses und der damit verbundenen höheren Schätzung der Privatsphäre wurden (etwa um die gleiche Zeit wie im Großen Heiligen Kreuz) zu Beginn des 18. Jahrhunderts zwölf kleine Kammern eingebaut. Die Wohndäle verlor damit ihre ursprüngliche Bedeutung und wurde zusammen mit dem steinernen Chor zum Kirchenraum umfunktioniert; eine hölzerne Schranke akzentuiert diesen Bereich. Aus dieser Zeit stammen auch die Wandmalereien im Chor und der von dem Goslarer Bildschnitzer Heinrich Lessen gearbeitete und 1713 gestiftete Altar, die zusammen mit der übrigen Raumausmalung ein theologisches Programm ergeben. Von der reichen Innenausstattung seien drei Kruzifixe aus der Romanik (Zweinagel-Typus), aus der Gotik (Dreinagel-Typus) und aus der Renaissance zu nennen. Hervorzuheben sind außerdem die Figuren aus spätgotischen Altarschreinen auf der Schranke sowie eine Stickdecke aus der 2. Hälfte des 14. Jahrhunderts, auf der in 32 Bildfeldern Szenen vom Leben und Leiden der hl. Margareta dargestellt sind. Der profane Lebensraum der Frauen war somit aus dem Zentrum des Hauses in die Küche, den sich anschließenden Gemeinschaftsraum und in die Einzelzimmer an den Rand gerückt bestimmend sollte der sakrale Bereich sein. Gerade diese enge Verwobenheit von Kirchen- und Wohnraum verleiht dem St. Annenhaus eine besonders andächtig-intime Atmosphäre.

Das Mönchehaus

Ein ganz besonderes Museum ist das Mönchehaus an der Ecke Mönchestraße / Jacobistraße. Hier haben in einer geglückten Synthese die historische Dimension der Stadt Goslar und die Gegenwart der Kunst zueinander gefunden. Das Haus war trotz des Namens früher nicht etwa ein Kloster; es wurde 1528 als stattliches Bürgerhaus an der Stelle eines Augustinerklosters errichtet. An die Vorgeschichte des Platzes erinnert die prächtige geschnitzte Türumrandung.

Im Innern ist die ursprüngliche Raumaufteilung mit der gepflasterten großen Däle und der Durchfahrt zum Hof noch gut zu erkennen. Heute hat in dem ehemaligen Bürgerhaus der 1974 von engagierten Goslarer Bürgern gegründete "Verein zur Förderung moderner Kunst" seine Heimat gefunden. Däle und Kammern, ehemaliges Speichergeschoß, Nebengelasse und die uralten Kellerräume, ja selbst der zum Garten gestaltete Hofraum sind seitdem Schauplatz von ständigen oder wechselnden Ausstellungen zeitgenössischer Künstler. Bilder, Skulpturen und Environments prominenter, aber auch noch unbekannter jüngerer Künstler ziehen Kunstfreunde von nah und fern an.

Die etwa 1400 Mitglieder zählende und somit zu den großen deutschen Kunstvereinen zählende Organisation sieht ihren Namen als Programm: Mit dem "Mönchehaus-Preis Kunst und Umwelt" werden Künstler ausgezeichnet, die sich in ihrem Werk in besonderer Weise für die Bewahrung der natürlichen Lebensräume einsetzen. Das "Kaiserring-Stipendium" soll jungen Künstlern eine Chance zum wirtschaftlich abgesicherten Arbeiten geben. Mit dem Goslarer Kunstpreis schließlich, dem "Kaiserring", wurde eine international anerkannte hohe Auszeichnung für zeitgenössische Künstler geschaffen. Dem ersten Preisträger von 1975, dem englischen Bildhauer Henry Moore, folgten inzwischen viele bekannte, aber auch umstrittene Preisträger, wie beispielsweise der Verpackungskünstler Christo. Die Jury für die Preisverleihung bilden Goslarer Bürger und Kunstsachverständige; der Preisverleihung in der Kaiserpfalz folgt jeweils die stets international beachtete Ausstellung der Werke des Preisträgers im Mönchehaus. Objekte der ausgezeichneten Künstler finden sich auch in Goslars Straßen, bilden einen reizvollen Kontrast zum historischen Ambiente der Stadt und werden auf diese Weise zum "Denk-Mal", so der "Nagelkopf" von Günther Uecker am Rathaus.

Museum Mönchehaus mit verziertem Türrahmen

Die Stadtbefestigung

Die Befestigungen, mit denen man sich gegen Angriffe zu schützen suchte, gehören zu den beeindruckendsten Beweisen der Unabhängigkeit und Leistungsfähigkeit der mittelalterlichen Städte. Auch wenn Goslar nicht mehr das Bild einer durch die Stadtmauern eng begrenzten Einheit bildet wie einige südwestdeutsche Reichsstädte, sind doch viele bedeutende Reste der ehemaligen Verteidigungsanlagen erhalten, die einen Eindruck von der Wehrhaftigkeit der Bürgergemeinde vermitteln.

Das System der Befestigungsanlagen, das in der 2. Hälfte des 15. Jahrhunderts ausgebildet war, bestand aus Wall und Graben sowie einer Feldmauer und der eigentlichen Stadtmauer. Ein wiederhergestellter Mauerteil am Kloster Neuwerk, gegenüber dem Rosentor, erinnert an die ursprünglich etwa 1,5 m starke und etwa 6 bis 10 m hohe, mit schiefergedeckten Wehrgängen und Schießscharten versehene Abwehranlage. Im Bereich der Glockengießerstraße im Osten der Stadt sind Reste der Stadtmauer erhalten geblieben. Dort steht auch einer der noch erhaltenen Stadttürme, der Kegelworthturm. Weberturm und Teufelsturm findet man auf der gegenüberliegenden Seite der Stadt im Bereich der Mauerstraße, den Turm des Vititors am Vititorwall. Die Stadttürme überragten die Stadtmauer, an die sie halbrund außen angebaut wurden. In mehreren Stockwerken fanden Geschütze und Munition zur Verteidigung Platz

Unweit des Kegelworthturms verläßt die Abzucht das Gebiet der Stadt. Dieses "Wasserloch" war ein neuralgischer Punkt der Stadtverteidigung und wurde daher durch ein ausgeklügeltes System von Absperranlagen gesichert, die bis heute erhalten sind. Darin ähnelt es den Stadttoren, die naturgemäß ebenfalls besonders geschützt werden mußten. Am wichtigsten erschien den Stadtvätern offensichtlich die Verteidigung gegen die Braunschweiger Herzöge, mit denen sie jahrhundertelang im Streit lagen. Das im Osten gelegene Breite Tor am Ende der Breiten Straße wurde mit besonders aufwendigen Bauten geschützt. Aussschlaggebend war dabei sicherlich auch die Tatsache, daß um 1500 beim weiteren Ausbau der Befestigungsanlagen verschiedene kleinere Durchlässe geschlossen wurden und damit das Breite Tor Hauptzufahrt zur Stadt wurde. Neben dem eigentlichen Torturm gab es zwei Flankierungstürme, von denen einer erhalten ist. Auf dem Wall wurden zwei mächtige Zwinger errichtet. Zwischen dem inneren und heute abgebrochenen äußeren Tor entstand mit dem Werderhof, ehemals Torkaserne für die Stadtverteidiger, eine bis heute erhalten gebliebene beeindruckende Hofanlage.

Um die Wende vom 18. zum 19. Jahrhundert begann man in Goslar wie andernorts, die als nicht mehr zeitgemäß angesehenen und dem gewünschten Wachstum der Stadt entgegenstehenden Befestigungsanlagen abzubrechen. Die Mauern, Türme und Tore wurden teilweise niedergelegt und die Wälle zu Gärten umgestaltet. Heute erinnern an vielen Stellen nur noch die Straßennamen, z. B. Claus- und Vititorwall, an den früheren Zustand. Auch vom nach Hildesheim gelegenen Rosentor ist nur noch der Torzwinger übriggeblieben, der heute - das Schicksal vieler anderer historischer Gebäude in Goslar teilend - dem Tourismus dient. Bereits

1885 wurde dort eine "altdeutsche Bierstube" eingerichtet; 1908 - 1910 entstand um das alte Bauwerk das Hotel "Achtermann", das inzwischen als Tagungszentrum dient. Einen Eindruck von den Wallanlagen vermittelt noch heute der Bereich des Zwingerwalls am Kahn- und Judenteich. Hier steht auch der 1517 erbaute und einfach "Zwinger" genannte, wohl mächtigste der Verteidigungstürme der Stadt Goslar. Bei der Niederlegung der Stadtbefestigung blieb er erhalten und wird seither als Gaststätte genutzt. Im oberen Geschoß besteht ein privates Museum.

Bergbaumuseum Rammelsberg

Dicht vor ihren Toren liegt im Süden Goslars der Schicksalsberg der Stadt. Der Sage nach begann alles mit einem Jagdausflug von Ritter Ramm, dessen Pferd mit den Hufen eine Erzader freischarrte, als der Reiter im Unterholz einem Hirsch für die kaiserliche Tafelrunde auf der Harzburg nachstellte. Diese Geschichte der Entdeckung der Erzvorkommen im Rammelsberg gehört jedoch zweifellos in die Kategorie "unwahr, aber gut erfunden".

Als Zeitpunkt der ersten urkundlichen Erwähnung des Rammelsberger Bergbaus gilt das Jahr 968. Doch dürfte das Vorkommen schon lange Zeit zuvor bekannt gewesen sein, denn die Erze standen bis zur Bodenoberfläche an und behinderten auffällig Bodenbildung und Vegetation. Tatsächlich machen neuere Erkenntnisse der Archäologie wahrscheinlich, daß hiesige Erze schon im 4. Jahrhundert verarbeitet wurden!

Das vor rund 350 Millionen Jahren abgelagerte Erzvorkommen enthält u.a. die Metalle Zink, Eisen, Blei, Kupfer sowie etwas Silber und in Spuren Gold, wovon in der Frühphase vornehmlich Blei, Kupfer und das Münzmetall Silber gewonnen wurden.

An den Wänden der untertägigen Hohlräume setzten sich aus dem Gestein gelöste und, beschleunigt durch die Hitze beim "Feuersetzen" (Methode zur Absprengung des Erzgesteins durch Erhitzen und Abkühlen), wieder verhärtete Metallsalze ab: die Vitriole. Auch sie wurden gefördert und dienten u.a. als Farbstoff, Schädlingsbekämpfungsmittel, Gerbstoff, Medikament oder als Grundstoffe bei der Herstellung von Scheidewasser, Schwefelsäure, Tinte und in der Alchimie. Doch Vorsicht ist geboten - die Vitriole sind wie fast alle Hinterlassenschaften des Erzbergbaus giftig und umweltschädlich.

Die mittelalterliche Geschichte des Bergbaus am Rammelsberg prägten Phasen der Blüte und des Niedergangs sowie der Kampf um die Verfügungs-, Zehnt- und Gerichtsrechte über den Bergbau, die Verhüttung und über den Forst, der Holzkohle, Gruben- und Feuerholz lieferte. Mit der fortschreitenden untertägigen Ausbeutung der Lagerstätten, die damals ohne nachfolgende Verfüllung der ausgeerzten Hohlräume vonstatten ging, wuchs die Einsturzgefahr. Zugleich wurde es immer schwieriger, die Gruben zu entwässern. Es kam zu Bergeinstürzen und zum Absaufen von Stollen. Um 1360, so schien es, war der Bergbau am Ende.

Zur selben Zeit gelang es der Stadt Goslar mit viel Geschick, sich die wichtigsten Rechtspositionen zu sichern. Man gewann

Eines der Wahrzeichen Goslars: das Breite Tor

gegenüber den 1235 mit dem königlichen Vorrecht am Bergbau belehnten Welfenherzögen und den einzelnen kirchlichen und adligen Besitzträgern die Oberhand. Der Rat setzte nunmehr alles daran, die Gruben wieder in Betrieb zu nehmen, und war schließlich mit Hilfe neuer bergbautechnischer Entwicklungen erfolgreich. Mit der neuen Blüte des Rammelsbergs um 1500 ging die größte Zeit der Bergbau-, Hanse- und Reichsstadt Goslar einher.

Doch ewig währte dieses Glück nicht. Seit Anfang des 16. Jahrhunderts bemühten sich die erstarkten Welfen, ihre verlorenen Positionen zurückzugewinnen. Sie setzten alles daran, die seinerzeit (angeblich oder tatsächlich) verpfändeten Gerechtsame wieder auszulösen. Die an ihrem Lebensnerv bedrohte Stadt setzte sich dagegen energisch, aber letztlich erfolglos zur Wehr. Seit 1552 garantierte der Riechenberger Vertrag den Welfenherzögen Rechtsprechung und Obrigkeit am Rammelsberg, den Zehnten (hier: Förderzins) sowie das lukrative Vorkaufsrecht an den Berg- und Hüttenprodukten. Das Bergwerk blieb in der Folgezeit

Wer den Zwinger besichtigt, verschwindet hinter sechs Meter dicken Mauern

unter herzoglicher Verwaltung und überlebte ungeteilt ("Harzer Communion") auch die welfischen Erbteilungen; seit 1643 besaß das Haus Calenberg-Hannover vier, das Haus Wolfenbüttel drei Siebtel Anteil am Berg. In die hannoverschen Rechte trat 1866 Preußen ein.

Um die Mitte des 19. Jahrhunderts neigten sich die Erzvorräte in der bekannten Lagerstätte dem Ende zu. Doch glücklicherweise entdeckte man 1859 ein weiteres, "Neues Lager", das den Betrieb des Bergwerkes bei stark zunehmenden Fördermengen bis 1988 sicherte. Die Geschichte der Ausbeutung des Neuen Lagers wurde geprägt von zahlreichen technischen Neuerungen im Bergwerk und in den Hütten, der Umwandlung in eine privatwirtschaftlich gelenkte GmbH, den Ausbau der Anlagen durch das Naziregime im Rahmen seiner nationalen Autarkiebestrebungen (Bemühen um wirtschaftliche Unabhängigkeit) und der Privatisierung des Betriebes in Form einer AG nach dem Zweiten Weltkrieg.

Vom Stadtkern aus erreicht man das 1988 stillgelegte Bergwerk über Bergstraße, Rammelsberger Straße und Bergtal. Ein Teil der Anlagen ist museal hergerichtet, der Rest soll allmählich vom letzten Eigner, der Preussag, an das Museum (geöffnet täglich von 9.30 bis 18.00 Uhr) abgegeben werden. Von den Bauten über Tag (Tagesanlagen) fällt die 1935 terrassenförmig am Berghang angelegte Erzaufbereitungsanlage durch ihre eigenwillige Architektur ins Auge. Wie die Werkstätten und Lager, der Rammelsbergschacht, der Schrägaufzug oder die Erzschmalspurbahn ist sie jedoch noch nicht zugänglich. Waschkaue und Lampenstube dienen dagegen bereits als Ausstellungsräume.

Unter Tage erschließt sich dem Besucher eine fremde, faszinierende Welt. Die bei einer Führung gezeigten Stollen und Wasserräder stammen überwiegend aus der wichtigen Epoche um 1800, als das Bergwerk durch die Reformen von Oberbergmeister Roeder umfassend modernisiert wurde. Sollten beispielsweise auch die Radstube "Feuergezäher Gewölbe" oder der "Rathstiefste Stollen" aus dem 12. Jahrhundert mit seinen prächtigen bunten Vitriolkrusten dereinst zugänglich sein, dann kann am Rammelsberg in einmaliger Weise Bergbauhistorie vom Mittelalter bis in die Gegenwart dokumentiert werden.

Gemeinsam mit dem gut erhaltenen Altstadtkern und der Kaiserpfalz Goslars wurde das über 1000 Jahre alte Bergwerk, das die Geschichte der ehemaligen Kaiser- und Reichsstadt maßgeblich mitbestimmt hat, 1992 von der UNESCO als elftes deutsches Objekt in die "Liste des Kultur- und Naturerbes der Menschheit" aufgenommen.

Ein Rundgang um die Stadt

Der flüchtige Goslar-Tourist gibt sich im allgemeinen mit der Besichtigung des Kaiserhauses und des Marktplatzes zufrieden; interessiertere Besucher werden die gesamte beeindruckende Altstadt mit ihren über 1800 Fachwerkhäusern zu erkunden versuchen. Wer längere Zeit in den Mauern der Stadt verweilt oder immer wieder hierher zurückkommt, wird auch die etwas außerhalb des historischen Zentrums gelegenen interessanten Stätten kennenlernen wollen. Da sind zunächst einmal die Ruinen der in den Zeiten der Reformationswirren und der Auseinandersetzungen mit dem Braunschweiger Herzog zerstörten kirchlichen Bauten. Am bequemsten zu erreichen ist das ehemalige Kloster St. Georg auf dem Georgenberge, dem man sich z. B. vom Rosentor kommend über die die Bahnlinie überquerende Fußgängerbrücke nähern kann. Die Fundamente der geschleiften Klosterkirche sind gegen Ende des 19. Jahrhunderts ausgegraben und gesichert worden. Sie vermitteln noch heute einen Eindruck des dem Aachener Münster nachgebauten achteckigen Zentralbaus. Gut nachvollziehbar ist an dieser Stelle, wie groß die Befürchtungen der Goslarer gewesen sein mögen, daß der Feind sich hier festsetzen und mit weittragenden Geschützen die Stadt in Angst und Schrecken versetzen könnte. Von dem etwas unterhalb St. Georgs gelegenen Bismarckdenkmal hat man einen besonders guten Blick auf die gesamte Altstadt und ihren Schicksalsberg, den Rammelsberg.

Über die Bismarckstraße und den Köppelsbleek erreicht man den Siechenhof, von dem die 1752 erbaute, St. Pankratius geweihte Kapelle erhalten geblieben ist. Im Gegensatz zu den Hospitälern im Stadtkern, die eher mit unseren heutigen Altersheimen zu vergleichen sind, diente diese Einrichtung der Versorgung, vor allem aber der Isolierung von ansteckungsgefährlichen Kranken, z. B. als Leprosenhaus. Heute steht die Siechenhofkapelle neben einem als Gaststätte genutzten, liebevoll restaurierten kleinen Fachwerkhaus etwas verloren am Rande eines Gewerbegebiets.

Durch dieses vor dem Breiten Tore gelegene Gewerbegebiet hindurch gelangt man zum Petersberg. Dort finden sich gleich zwei bemerkenswerte Hinterlassenschaften aus alter Zeit: die Grundmauern des ebenfalls zerstörten Klosters St. Peter und die Kluskapelle. Die Ruinen der Klosterkirche mit ihrem Dreiapsidenchor und dem Westquerschiff wurden als erste der 1527 untergegangenen Bauten freigelegt. Die sagenumwobene Kapelle in der geologischen Blockformation des Klusfelsens diente einstmals als Eremitenklause.

Von der Klus geht man durch die ehemaligen Wallanlagen wiederum in Richtung Zwinger. Im Bereich des Wasserlochs sollte man dabei nicht das Mundloch des Julius-Fortunatus-Stollens übersehen. Dieser bis heute tiefste Entwässerungsstollen des Rammelsberges wurde 1486 begonnen, lange liegengelassen und unter dem Braunschweiger Herzog 1585 fertiggestellt. Damit wurde der bis dahin tiefste Stollen, der "Rathstiefste Stollen" "enterbt", d. h. die bis dahin an den Goslarer Rat zu zahlende Abgabe für die Entwässerung des Bergbaus fiel nunmehr ebenfalls an den Braunschweiger.

Nachdem man am Judenteich, am Zwinger und am Kahnteich vorbeigekommen ist,

1
2
3
4
5
A
B
C
D
E
F
G
Bismarckstraße
Rosentorstraße
Klubgartenstraße
Am Heiligen Grabe
Mauerstraße
16
17
15
Vititorwall
Rosentorstraße
Vogelsang
Unt. Schildwache
Zehntstraße
Obere Schildwache
14
Schlüterstraße
Bäringerstraße
Pfarr-
gasse
Mönche-
straße
Untergasse
Schilderstraße
22
Mittelgasse
Hokenstraße
Fischemäkerstraße
Wislicenusstraße
Claustorwall
Hinter den Brüdern
Kreuz-
gasse
Jakobistraße
Obergasse
Marstallstraße
Münzstraße
Bäringerstraße
Friesenstraße
Bäckerstraße
Marktstraße
Breite Straße
9
10
11
13
Steinbergstraße
Beekstraße
Bulkenstraße
Schreiberstraße
Frankenberger Straße
12
Kettenstraße
Worthsatenwinkel
Bergstraße
4
5
6
Forststraße
Gose
Hoher Weg
Ziegenstraße
Neue Straße
Liebfrauenberg
Kaiserbleek
An der Gose
Nonnenweg
3
Peterstraße
Am Beek
1
i
2
Clausthaler Straße
Breiter Weg
Rammelsberger Straße
Hainholz
24

Legende

1 Domvorhalle
2 Kaiserpfalz
3 Frankenberger Kirche
4 Siemenshaus
5 Haus Magnus Karsten
6 Großes Heiliges Kreuz
7 Goslarer Museum
8 Kaiserworth
9 Kämmerei mit Glockenspiel
10 Historisches Rathaus
11 Marktkirche
12 Brusttuch
13 Bäckergildehaus
14 Jakobikirche
15 Neuwerkkirche
16 Achtermann
17 Weberturm
18 Teufelsturm
19 Breites Tor
20 Zwinger
21 Stephanikirche
22 Mönchehaus
23 St.-Annen-Haus
24 Bergbaumuseum Rammelsberg

Straßenverzeichnis

Abzuchtstraße E 6
Am Beek F 1/2
Am Breiten Tor A/B 8
Am Heiligen Grabe B 1
Am Stollen G 7
An der Abzucht D 7
An der Gose F 3
Bäckerstraße B/D 3/6
Bäringerstraße C/D 2/3
Beekstraße D 2/3
Bergstraße E 3
Bismarckstraße A 4/5
Bleicheweg E 8/9
Bolzenstraße C/D 6
Bozener Straße E/F 7/8
Breiter Weg G 3
Breite Straße C/D 5/7
Brückenstraße A 6
Brüggemannstraße B/C 6
Bulkenstraße D/E 3/4
Ch.-Jacob-Straße D 6
Clausthaler Straße F/G 2
Claustorwall D 1/2
D.-Borchers-Straße E/F 6
Dedeleber Straße B/C 8
Domstraße D 6
Dr.-Nieper-Straße G 7/8
Fischermäkerstraße C/D 5
Forststraße E 3
Frankenberger Straße D/E 2/3
Freudenplan B 5/6
Friesenstraße D 2/3
Glockengießerstraße E 6/7
Gosestraße C 7
Gundenstraße B 6/7
Hagenwinkel B 7
Hainholz G 2
Hinter den Brüdern D 2
Hoher Weg E 5
Hokenstraße C/D 5
Jacobistraße C/D 3/4
Kaiserbleek F 4
Kaninchengasse D 6
Kettenstraße E 2
Klapperhagen E 5
Klubgartenstraße B 2/3
Knochenhauerstraße D/E 6
Königstraße E 5/6
Kornstraße C 8
Kötherstraße E/F 7
Kreuzgasse D 3
Lämmerstraße D 7
Liebfrauenberg F 4
Ludwig-Jahn-Straße F 8
Markt D 5
Marktstraße D 4
Marstallstraße D 4
Mauerstraße B 4/7
Mittelgasse C 4
Mönchsstraße C 3
Mühlenstraße C 8
Münzstraße C/D 4/5
Neue Straße F 3/4
Nonnenweg F 1
Obere Kirchstraße C 7
Obere Schildwache C 3
Obergasse D 3
Petersilienstraße B 5
Peterstraße F 2
Pfarrgasse C 4
Piepmäkerstraße C 6
Rammelsberger Straße G 2
Reiseckenweg C 9
Rosenberg D 9
Rosentorstraße A/B 3/4
Rundenienstraße D 6/7
Schäferwall B 8/9
Schielenstraße D 7
Schilderstraße C 3
Schlüterstraße C 1
Schreiberstraße D/E 3
Schulstraße D 6
Schwiecheldtstraße D 6
Sieben Linden D 9
Sommerwohlenstraße C 5/6
Spitalstraße B 6
Springerstraße B 7
St. Annenhöhe D 8
Steinbergstraße D 1/2
Thomasstraße F 6
Untere Kirchstraße C 7
Untere Schildwache B/C 4
Untergasse C 4
Vititorwall B 3
Vogelsang B 5
Vorwerkstraße B 7/8
Wallstraße G 6/7
Wasserbreeke F/G 7
Wislicenusstraße C/D 1
Wohldenbergerstraße B/C 5
Worthsatenwinkel E 4
Worthstraße D/E 5/6
Zehntstraße C 3
Ziegenstraße E/F 2
Zwingerwall E 7/8

verläßt man auf der Wallstraße den Grüngürtel und steigt auf bis in die Bergdorfstraße. Von dort weisen Schilder den Weg zur Ruine der Pfarrkirche St. Johannis im Bergdorfe. Hier steht man vor den letzten Überresten der ursprünglichen Siedlung der Bergleute am Rammelsberg. Auch diese Kirche wurde 1527 geschleift und wegen der weiter unruhig bleibenden Zeitläufte nicht wieder errichtet. Die Bergleute wohnten ab dieser Zeit innerhalb der schützenden Mauern der Stadt, bis die Befestigungswerke unnötig wurden.

Zum krönenden Abschluß lohnt sich der Aufstieg über die "Blauer Haufen" genannte Wiese am Rammelsberg, über den Landeplatz der Drachenflieger hin zum Maltermeisterturm. Von dort bietet sich ein imposanter Rundblick über die Stadt Goslar, der auch Neubau- und Gewerbegebiete mit einschließt. Der Maltermeisterturm selbst ist das älteste erhalten gebliebene Gebäude der Übertageanlagen des Bergwerks. Seinen Namen erhielt er von dem dort in der Mitte des 18. Jahrhunderts amtierenden Maltermeister. Dieser gab das Holz aus, das für den Bergbau benötigt wurde und achtete somit darauf, daß nicht zu viele Malter verbraucht wurden. Ein Malter ist ein altes Raummaß für Holz und umfaßt etwa zwei Kubikmeter. Den Abstieg in die Stadt kann man vorbei am Turm entlang dem Gelände des ehemaligen Bergwerks beginnen. So bekommt man auch den riesigen Schieferbruch zu sehen, der zum Verfüllen der durch den Erzabbau entstandenen Hohlräume im Rammelsberg nötig wurde. Vorbei am Herzberger Teich und dem Bergwerksmuseum mit dem Roederstollen geht man die Rammelsberger Straße hinab, begleitet von der Abzucht, in die im Bereich des Theresienhofes der Rathstiefste Stollen mündet. Vorbei an den aus verschiedenen Epochen stammenden Häusern der Bergarbeiter nähert man sich wieder dem Innenstadtbereich, den man - wie die Bergleute vergangener Epochen - durch das Klaustor mit der Klauskapelle betritt.

Als lohnende Ausflugsziele in der näheren Umgebung der Stadt, die jedoch besser per Fahrrad, Bus oder Auto angesteuert werden sollten, seien hier nur noch Grauhof und Reichenberg erwähnt. Im Osten der Stadt liegt das barocke Kloster Grauhof, das als Nachfolgebau der zerstörten Georgenberganlage errichtet wurde. Im Norden befindet sich das Klostergut Riechenberg mit seiner sehenswerten Krypta. In dem Kloster Riechenberg wurde 1552 der schicksalsträchtige Vertrag mit dem Braunschweiger geschlossen, der Goslar dazu zwang, den Bergbau am Rammelsberg und andere bedeutende Besitztümer abzutreten und der damit der spätmittelalterlichen Blütephase der Stadt ein Ende setzte.

Das Bergbaumuseum Rammelsberg

Fototips

Jeder gut sortierte Goslarer Buchladen bietet eine ganze Reihe von Goslar-Bildbänden zum Verkauf an; und jeder Hobbyfotograf und Fotoamateur wird nach zehn Minuten Stadtbummel in Goslar wissen, warum dies der Fall ist. Motive bieten fast alle Altstadtgassen zur Genüge. Sofern das Wetter mitspielt, dürfte es nur dann fotografische Problemen geben, falls die Filme nicht ausreichen sollten.

Apropos Wetter: An einem sonnigen Tag - er sei jedem Gast von Herzen gewünscht - gilt es selbstverständlich, den Sonnenstand und den Charakter des Lichtes zu beachten. Das Licht der tiefstehenden Morgen- und Abendsonne sorgt für besonders "satte", kräftige Farben und auch für ausgeprägte Schatten und somit gegebenenfalls für eine hohe Plastizität der aufgenommenen Objekte. Zur Zeit der hochstehenden Mittagssonne trifft man besonders an sehr warmen Tagen auf leicht diesige Verhältnisse mit etwas diffusem Licht. Dann sollte möglichst ein Skylight-Filter eingesetzt werden.

Einige der bekanntesten Fassaden lassen sich am besten morgens fotografieren. Später am Tag liegen sie nicht mehr im Schein der Sonne, und schließlich stellen sich sogar Gegenlichtprobleme ein. Das gilt zum Beispiel für die Kaiserpfalz oder das Rathaus, deren Vorderfronten annähernd gen Osten schauen. Goslars schönste, unlängst ebenso ästhetisch wie denkmalpflegerisch korrekt sanierte Fassade, die der Kaiserworth am Markt, blickt sogar fast nach Norden. Dem ambitionierten Fotoamateur kann in diesem Fall gleichsam als Ersatz für das bis gegen Abend entgangene "Rückenlicht" eine Nachtaufnahme der angestrahlten Hotelfront empfohlen werden. Ähnliche Sorgen bereiten beispielsweise auch das Brusttuch oder die Klapperhagenmühle, während etwa der romantische Schuhhof zu jeder Tageszeit eine Sonnenseite präsentiert. Wer sich von vornherein für ein bestimmtes Motiv interessiert, sollte sich folglich mit dem Stadtplan wappnen und entsprechend der Lage des Objektes die rechte Tageszeit aussuchen.

Architekturfotos von einzelnen Gebäuden können allerdings auch durch die engen, mittelalterlichen Altstadtstraßen erschwert werden. Man sollte also besser ein starkes Weitwinkelobjektiv bereithalten, um beispielsweise die Stadtkirchen, viele der erhaltenen Kemenaten (mittelalterliche, steinerne "Wohntürme" von Bürgerhäusern) oder das Siemenshaus möglichst vollständig ins Bild zu setzen.

Für alle kamerabesitzenden Goslarbesucher gibt es einen besonders wichtigen Hinweis: Bummeln Sie durch die Altstadt mit ihren 1 800 Fachwerkhäusern, Plätzen und Gassen; eine Straßenseite wird - sofern die Sonne scheint - so gut wie immer im Licht liegen; und wenn das einzelne Gebäude zu nah vor dem Objektiv liegt, dann fangen Sie die schönen Straßenfluchten ein. An grauen Herbst- und Wintertagen kann man auch einen Schwarzweißfilm einlegen; die Goslarer Schieferdächer und viele Häuser mit hellen Gefachen und dunkel gestrichenen Balken kommen diesem zu Unrecht häufig verschmähten Filmtyp als kontrastreiche Motive sehr entgegen.

Als eigentlicher Goslar-Fototip sei jedoch folgendes gesagt: Haben Sie Mut zum Ausschnitt und zur ungewöhnlichen Perspektive! Sind als Beweis für den Goslaraufenthalt die Pfalz, das Rathaus und die Kaiserworth erst einmal abgelichtet, dann suchen Sie nach Details und Schmuck im Fachwerk, nach Skulpturen, Figuren und Ladenschildern oder Auslegern, nach fotogenen Türen und Fenstern, nach altem Straßenpflaster, dem Moos auf mittelalterlichem Mauerwerk oder pittoresken "Dachlandschaften", wie sie zum Beispiel vom Nonnenweg an der Frankenberger Kirche aus bei den Häusern der Straße Am Beek auszumachen sind. Nichts gibt einem Diavortrag übrigens mehr Schwung als eine Großaufnahme vom Dukatenmännchen an der Kaiserworth oder von der Butterhanne (leider nur schwer zu fotografieren, da weit oben am Gebäude und immer im Halbdunkel) am Brusttuch.

Zu guter Letzt lohnt sich stets auch der Blick "von oben". Besonders bekannt sind die Aussichten auf die Dächer der alten Stadt vom Bismarckdenkmal am Georgenberg, vom Petersberg oder vom Kaiserhaus beziehungsweise dem dahinter liegenden Pfalzgarten aus. Wer höher hinaus will, kann vom Maltermeisterturm (mit dem Auto zu erreichen) oder gar vom Rammelsberg ganz Goslar auf einem Foto vereinigen. Doch empfehlenswert ist, an einem sonnigen Spätnachmittag auf dem Weg zu wandern, der etwa auf "halber Höhe" um den Steinberg im Westen der Stadt herumführt. Der Blick von dort auf die Dächer der Stadt ist einmalig - man ist hoch genug, um alles zu überschauen, aber noch nicht so hoch und nicht so weit entfernt, daß sich Goslar später auf den Abzügen der Fotos nur als ein Haufen bunter Punkte darstellt.

Hinweise und Empfehlungen

Museen und Sehenswürdigkeiten

Rammelsberger Bergbaumuseum (Bergtal 19, Tel. 2891), Öffnungszeiten: täglich 9.30 bis 18.00 Uhr, Gruppen sollten sich anmelden.
Kaiserpfalz (Kaiserbleek 6, Tel. 05321/704358), Öffnungszeiten: April - Oktober täglich 10.00 bis 17.00 Uhr, November - März täglich 10.00 bis 16.00 Uhr. Ständige Führungen.
Domvorhalle (Kaiserbleek 10, Tel. 704358), Besichtigungsmöglichkeit nur im Rahmen einer Führung.
Huldigungssaal im Rathaus (Markt 1, Tel. 704241), Öffnungszeiten: April - Oktober täglich 10.00 bis 17.00 Uhr, November - März täglich 10.00 bis 16.00 Uhr. Ständige Führungen.
Goslarer Museum (Königstraße 1, Tel. 704359), Öffnungszeiten: April - Oktober täglich außer montags 10.00 bis 17.00 Uhr, November - März täglich außer montags 10.00 bis 16.00 Uhr.
Mönchehaus-Museum für moderne Kunst (Ecke Mönchestraße/Jacobistraße, Tel. 29570), Öffnungszeiten: Dienstag - Sonnabend 10.00 - 13.00 und 15.00 bis 17.00 Uhr, sonntags und an Feiertagen 10.00 bis 13.00 Uhr.
Der dicke Zwinger (Thomasstr. 2, Tel. 43140), Öffnungszeiten: täglich 9.00 bis 17.00 Uhr.
Siemenshaus (Schreiberstraße 12, Tel. 23837), Öffnungszeiten: Montag - Freitag 9.00 bis 12.00 Uhr. Gruppen sollten sich beim Hausmeister anmelden.
Zinnfiguren-Museum (Münzstraße 11, Tel. 25889), Öffnungszeiten: täglich 10.00 bis 17.00 Uhr.
Musikinstrumente- und Puppenmuseum (Hoher Weg 5, Tel. 26945), Öffnungszeiten: täglich 9.00 bis 17.00 Uhr.
Glockenspiel (Marktplatz, Giebel des Kämmereigebäudes) mit Figurenumlauf täglich 9.00, 12.00, 15.00, 18.00 Uhr - sofern es die Witterungsbedingungen zulassen.

Stadtführungen und Ausflugsfahrten

Über Stadtführungen, Vortragsveranstaltungen und Ausflüge informieren:
Verein für Fremdenverkehr Goslar e.V. (Großes Heiliges Kreuz, Hoher Weg 7, Tel. 42111)
Tourist-Information der Kur- und Fremdenverkehrsgesellschaft Goslar-Hahnenklee mbH (Markt 7, Tel. 2846)
Kreisvolkshochschule (Klubgartenstraße 6, Tel. 76431)
Harzer Fremdenverkehrsverband (Marktstr. 45, Tel. 20031)

Kunst und Kunsthandwerk

Stubengalerie für freie und angewandte Kunst (Abzuchtstraße 4, Tel. 40957 oder 29959), Öffnungszeiten: Montag bis Sonntag 11.00 bis 13.00, Montag bis Freitag 15.00 bis 18.00, Sonnabend 14.00 bis 17.00 Uhr.
Kunsthandwerk im Großen Heiligen Kreuz (Hoher Weg 7a), Öffnungszeiten: 1. November bis Ostern: 13.00 bis 16.30 Uhr, Ostern bis 30.10.: 11.00 bis 17.00 Uhr, diens-

tags Ruhetag.

Glas im Studio 7 (Im Hof des Großen Heiligen Kreuzes, Hoher Weg 7a, Tel. 26829).

Kunststück, Verein für kreatives Gestalten (Bäckerstraße 113, Tel. 24117), Öffnungszeiten: Montag bis Freitag 10.00 bis 13.00 und 15.00 bis 18.00 Uhr, Samstag 10.00 bis 13.00 Uhr.

Theater und Filmtheater

Odeontheater (Bismarkstr. 1, Tel. 23038), Öffnungszeiten der Theaterkasse: Mittwoch und Freitag 15.00 bis 19.00 Uhr.

Goslarer (Film-) Theater (Breite Str. 86, Tel. 2855).

Kino-Center (Im Gosewinkel, Tel. 2856).

Öffentliche Einrichtungen

Stadtverwaltung, Zentrale Vermittlung (Tel. 704 - 1).

Fundbüro (Charley-Jacob-Str. 3, Tel. 704328).

Stadtbücherei (Marktstr. 1, Tel. 704356), Öffnungszeiten: Dienstag und Freitag 10.00 bis 13.00 und 15.00 bis 17.00 Uhr, Mittwoch 9.00 bis 12.00 Uhr, Donnerstag 10.00 bis 13.00 und 15.00 bis 18.00 Uhr, Samstag 9.00 bis 12.00 Uhr.

Stadtarchiv (Zehntstr. 24, Tel. 704351/2), Öffnungszeiten: Montag, Dienstag und Freitag 9.00 bis 12.00 und 14.00 bis 16.00 Uhr, Donnerstag 9.00 bis 17.00 Uhr.

Hallenbad Wachtelpforte (Tel. 22655)

Freibad Osterfeld (Tel. 43550), Waldbad Herzberger Teich, Harztherme im Hotel und **Tagungscentrum Der Achtermann** (Rosentorstr. 28, Tel. 21001)

Essen, Trinken, Übernachtung

Goslar bietet seinen Gästen ein großes Angebot an Cafés, Gaststätten, Hotels und Pensionen. Wer sich einen umfassenden Überblick verschaffen möchte, sollte sich mit der **Tourist-Information der Kur- und Fremdenverkehrsgesellschaft Goslar-Hahnenklee mbH**, Markt 7, Postfach 1980, 38640 Goslar, Telefon (05321) 2846 in Verbindung setzen, die auch die Zimmervermittlung übernimmt. Dort erhält man auch das Goslar-Informationsheft, das jährlich erscheint, sowie ein Gastgeberverzeichnis mit zahlreichen Tips und Adressen. Im folgenden sei lediglich eine höchst subjektive Auswahl von Gastronomiebetrieben vorgestellt.

Cafés

Insbesondere in den Bereichen Jacobikirchhof, Marktplatz mit Schuhhof und Hoher Weg befinden sich zahlreiche Cafés, die die gestreßten Touristen zum Ausruhen einladen. In der warmen Jahreszeit tragen viele durch Bewirtung unter freiem Himmel zum lebendigen Straßenbild bei. Das Angebot umfaßt meist nicht nur Süßes, sondern auch Handfestes. Ein besonderes Ambiente kennzeichnen das "Barock-Café Anders", Hoher Weg 4, sowie das "Historische Café am Markt", Markt 4. Auf dem Schuhhof lädt im Sommer das Eiscafé Fiabane zum Verweilen unter freiem Himmel ein.

Restaurants

Neben den Restaurants der in historischen Bauten untergebrachten Hotels in der Altstadt - Achtermann (Rosentorstraße 20, Tel.

21001), Brusttuch (Hoher Weg 1, Tel. 21081) und Kaiserworth (Markt 3, Tel. 21111 und 21112) bieten den Liebhabern der deutschen Küche ein reichhaltiges Angebot u. a. das traditionsreiche Haus "Zur Börse" (Bergstraße 53, Tel. 22775 und 22220), die am Steinberghang gelegene "Villa Berger" (Oberer Triftweg 6, Tel. 21640) und das "Haus Gosetal" mit eigener Forellenzucht (Clausthaler Str. 39, Tel. 25698, außerhalb der Stadt an der B 241 Richtung Hahnenklee).

Das "Steakhouse Kutscherstuben" befindet sich in der Marktstr. 16 (Tel. 42434). Ein ganz besonderes Ambiente zeichnet das Restaurant "Zwerg Hübich" (Am Siechenhof, Tel. 18888) aus.

Wer es gern italienisch mag, der besuche z. B. "Ristorante e Pizzeria Rigoletto" (Marktstraße 38, Tel. 23705) oder "La Grotta" (Worthsatenwinkel 10, Tel. 20551).

Freunde der Küche des Balkans kommen auf ihre Kosten u. a. im "Weißen Schwan" (Münzstraße 11, Tel. 25737), einem ehemaligen Ausspann, und im "Roxani" (Spitalstr. 1, Tel. 1588).

Unter den türkischen Restaurants wäre das "Effesus" (Breite Str. 28, Tel. 41999) mit luftigem Wintergarten herauszuheben; unter den Chinesen den stark frequentierten "Golden Palast" (Marktstraße 3, Tel. 41288) und das in der Alten Münze untergebrachte "Wah Leung" (Münzstr. 10, Tel. 29449).

Mit dem "Brauhaus Goslar" (Marstallstr. 1, Tel. 22155) lebt die alte Goslarer Tradition der Hausbrauerei wieder auf. Es sei daher als einziges Beispiel der lebendigen hiesigen Kneipenszene namentlich erwähnt.

Übernachtungsmöglichkeiten

Neben dem vielfältigen Angebot an Hotels, Gasthäusern, Privatpensionen und Appartements bietet Goslar insbesondere den jugendlichen Besuchern preiswerte Übernachtungsmöglichkeiten in der Jugendherberge (Rammelsberger Str.25, Tel.22240). Ein großer Campingplatz liegt im Gosetal direkt an der B 241, Richtung Hahnenklee (Tel. 22502 oder 22498).

Wer sich nicht dem eigenen Gespür folgend durch Goslars Altstadt "treiben lassen" möchte, dem seien nachstehend drei Rundgänge empfohlen. Der erste bietet sich bei einer Stippvisite an, zumal die wichtigsten Einkaufsstraßen mit einbezogen werden; für den zweiten und dritten sollte man sich mehr Zeit nehmen - zwei, besser drei Stunden Muße zum Bummeln sind jeweils angebracht. Die letztgenannten Routen können auch zu einem großen Rundgang kombiniert werden. Die Rundgänge wurden so ausgewählt, daß sie nicht nur schöne Straßenzüge, sondern auch viele der im Textteil beschriebenen touristischen "Highlights" berühren.

Zwischen Kaiserhaus und Neuwerkkirche

Ausgangspunkt: Domvorhalle am Pfalzparkplatz, gegenüber der Einmündung des Hohen Weges - an der linken Straßenseite des Hohen Weges liegt das frühere Hospital Großes Heiliges Kreuz (mit Kunsthandwerkerzentrum) - dahinter an der Königsbrücke (pons regis) einige Meter abzuchtaufwärts nach links - an der nächsten Brücke über die Abzucht und in die schmale Stobenstraße - an ihrem Ende liegt das berühmte Patrizierhaus Brusttuch - vorbei an der Marktkirche erreicht man den romantischen Schuhhof, der, gerahmt von Fachwerkhäusern, einer Apotheke und den Arkaden des schlichten Schuhmacher-Gildehauses, zum Verweilen einlädt - rechts der Hirsch-Apotheke führt ein Durchgang zur Hokenstraße (hier links weiter) - die Hokenstraße endet am architekturpreisgekrönten Koloß eines Warenhauses, an dem die Rosentorstraße vorbei zur katholischen Jakobikirche führt - nach einer halben Umrundung der Jakobikirche erreicht man das Ratsgymnasium (Schilderstraße) - hinter dem Schulhof zweigt nach rechts die Untere Schildwache ab, an deren Ende ein Tor in der Stadtmauer in eine Parkanlage führt - hier liegen rechter Hand die romanische Neuwerkkirche und das einstige Neuwerkkloster - hinter der Kirche gelangt man zum ehemaligen Rosentor mit dem Achtermann - von dort folgt man der Rosentorstraße vorbei am alten Postamt (links), am Neuwerkkloster (rechts) und der Jakobikirche bis an ihr Ende - halblinks findet die Rosentorstraße ihre Fortsetzung in der lebendigsten Einkaufsstraße, der Fischemäkerstraße - über diese erreicht man den Markt mit Rathaus, Kaiserworth, Brunnen und Glokkenspiel im Giebel der Stadtkämmerei - südlich des Rathauses (also linker Hand) führt der Rundgang vorbei an der Marktkirche über den Marktkirchhof wieder zum Hohen Weg (hier links weiter) - bald sieht man am Ende der Straße die Domvorhalle - an dieses Ziel gelangt man nach Passieren des Musikinstrumente- und Puppenmuseums (rechte Straßenseite), der Königsbrükke, der Heilig-Geist-Kapelle (St. Spiritus; linke Seite, an der Abzucht) und des Großen Heiligen Kreuzes.

Durch die obere Altstadt

Ausgangspunkt: Marktbrunnen - jenseits des Durchgangs zwischen Rathaus und der Häusergruppe am Fleischscharren öffnet sich der einladende Schuhhof mit der Hirsch-Apotheke am Kopfende und den Arkaden des ehemaligen Schuhmacher-Gildehauses (der Schuhhof bleibt aber rechts liegen) - der Nordseite der Marktkirche gegenüber liegen mehrere repräsentative Bauten, darunter ein heute als Stadtbücherei genutztes Patrizierhaus aus dem Jahr 1526 - wenn man der schmalen Münzstraße an der rechten Seite der Bücherei folgt, wird man feststellen, daß sich im hinteren Teil des Hauses eine 1517 erbaute Kemenate (Wohnbereich eines Bürgerhauses; massiver Steinbau mit Kamin und Keller) "versteckt" - der Garten hinter der Stadtbücherei (zugleich "grüne" Fußwegverbindung zur Marstallstraße) lädt zu einer kleinen Pause ein - im weiteren Verlauf der Münzstraße passiert man ebenfalls linker Hand den Ausspann zum Weißen Schwan, in dessen romantischem Innenhof der Zugang zum Zinnfigurenmuseum liegt - nach Erreichen der Bäckerstraße links - nun führt der Weg durch die rechts einmündende enge Mittelgasse in die Jakobistraße - dort wiederum links halten, dann fällt an der rechten Straßenseite der mächtige Giebel des vorspringenden Mönchehauses von 1528 auf (Museum für moderne Kunst) - hinter dem Mönchehaus und dem Schlanbusch'schen Haus mit seinen aufwendigen Schnitzereien gelangt man nach rechts in die Kreuzgasse und zur Schilderstraße - dort links und über die Bäringerstraße zur Friesenstraße - diese führt hinauf zur Kettenstraße - linker Hand geht es zwischen malerischen Fachwerkhäusern zum Herz des Frankenberger Viertels, dem Frankenberger Plan mit dem Kleinen Heiligen Kreuz und dem Torbogen am heutigen Altenheim (ehemals Kloster) - die Straße am Beek führt am Kleinen Heiligen Kreuz vorbei zur Frankenberger Kirche, deren Westriegel früher Teil der Stadtmauer war - im spitzen Winkel zweigt links die Peterstraße ab, eine der schönsten Goslarer Straßen mit kleinen Häusern, in denen einst Bergleute wohnten - am Ende der rechten Häuserzeile passiert man das idyllische Hirtenhaus am kleinen, romantischen Platz gegenüber der Ziegenstraßen-Einmündung - hinter dem Gebäudekomplex einer ehemaligen Senffabrik folgt man nach rechts einige Meter dem uralten Arbeitsweg der Rammelsberger Bergleute zum Klaustor - an der linken Straßenseite liegt die kleine Bergmannskirche Sankt Nikolaus (Klauskapelle) - hinter der Klauskapelle zweigt nach links ein schmaler Fußweg ab - auf diesem gelangt man in die Gartenanlagen an der Rückseite des Kaiserhauses - durch den tiefliegenden Garten an der Abzucht (altes Mühlengrundstück hinter der Durchflußstelle der Abzucht durch den mächtigen Stadtwall) und vorbei an der mächtigen Südwand der früheren Martinikapelle hinauf in den Pfalzgarten - weiter durch eine Mauerpforte zur Rückfront des Kaiserhauses mit der Plastik "Goslarer Krieger" von Henry Moore - um die achteckige Ulrichskapelle und das Kaiserhaus herum - unterhalb des Haupteinganges des Kaiserhauses führt eine Treppe hinab zum Kaiserbleek - links weiter zur Straße Liebfrauenberg - über die Abzuchtbrücke gelangt man zur Neuen Straße mitten im verträumten Liebfrauenberg-Viertel - in Verlängerung der Abzuchtbrücke führt die Obere Mühlenstraße über die schmale Gasse An der Gose hinweg zur verwinkelten Bergstraße und mündet unmittelbar gegenüber dem Stammhaus der Familie Siemens (prächtiges Fernhändlerhaus von 1693 mit Backstein-Gefachen) - an derselben Straßenkreuzung liegt diagonal gegenüber das Hotel zur Börse, erbaut 1573 vom Glockengießer

Magnus Karsten - aufgrund mehrerer erhaltener Kemenaten lohnt sich ein kleiner Abstecher vorbei am Haupteingang des Siemenshauses in die Schreiberstraße - vom Hotel zur Börse weiter die Bergstraße stadteinwärts, dabei gebührt wiederum den Kemenaten besondere Aufmerksamkeit - am Ende der Bergstraße liegt linksseitig das mächtige Bäckergildehaus - vorbei am Brusttuch und an weiteren repräsentativen Fassaden am Marktkirchhof südlich der Marktkirche erreicht man den Marktbrunnen.

Durch die untere Altstadt

Ausgangspunkt: Marktbrunnen - gegenüber der Südfront von Rathaus und Marktkirche (Marktkirchhof) in den Gemeindehof und weiter zum Klapperhagen mit der Lohmühle - dann links halten, vorbei am Goslarer Museum und der Worthmühle (Gaststätte in einer ehemaligen Getreidemühle) zur Abzuchtstraße - hier lohnt ein Besuch der "Stubengalerie" - am rauschenden Abzuchtwehr über den Wasserlauf auf das linke Ufer (An der Abzucht) und entweder dem Bachlauf flußabwärts folgen oder durch die verträumte Knochenhauerstraße (linker Hand parallel verlaufend) mit ihren gepflegten Fachwerkhäusern bummeln - beide Wege vereinigen sich wieder vor der neuen Grünanlage Schulstraße / Rundenienstraße - weiter An der Abzucht bis zur Einmündung der Gosestraße - hier steht ein schönes, 1551 errichtetes Fachwerkgebäude, das frühere Haus des Tuchmacher- und Walkeramtes - nun linker Hand durch die Gosestraße und jenseits der Kornstraße via Untere Kirchstraße zur Stephanikirche - dort erreicht man die Breite Straße, die rechts zum Breiten Tor hinabführt - bereits nach wenigen Metern bietet sich an der rechten Straßenseite jenseits einer Pforte der Ullrichsche Garten mit seinem Pavillon-Taubenhaus zu einem Abstecher und zur Ruhepause an - am gewaltigen Breiten Tor am Ende der Breiten Straße ist der "Scheitelpunkt" des Rundganges erreicht - sich rechts haltend gelangt man in die im Torbereich im spitzen Winkel von der Breiten Straße abzweigende Glockengießerstraße, die unmittelbar an der alten Stadtmauer entlang führt - diese Straße überquert die Abzucht an der Stelle, wo der Bach durch das stark befestigte Wasserloch die Altstadt verläßt - vorbei am langgestreckten Fachwerkbau der ehemaligen Kegelworthmühle (rechts) und dem Kegelworthturm in der Stadtmauer (links) wird das Stift St. Annen passiert - dahinter säumen eine ganze Reihe von bemerkenswerten Fachwerkhäusern die Glockengießerstraße - kurz vor dem Westende der Glockengießerstraße zweigt rechts die Königstraße in Richtung Goslarer Museum ab - jenseits der Abzucht geht diese in die Worthstraße über, in der an der rechten Straßenseite eine Kemenate auffällt - die Worthstraße mündet schließlich in den Marktplatz.

Verkehrsverbindungen

Viele Fernstraßen führen nach Goslar. Die kürzeste Verbindung zur Bundesautobahn A 7 Hannover - Kassel (Abfahrt Rhüden/Harz) stellt die Bundesstraße B 82 über Langelsheim her. Wer aus dem Süden anreist, kann die A 7 bereits in Seesen/Harz verlassen und über die B 248 zur B 82 gelangen. Wer aus dem Norden kommt, dem steht es offen, von der A 7 bereits hinter Hildesheim (Abfahrt Derneburg) abzufahren und die B 6 zu benutzen. Für Besucher aus Richtung Braunschweig (via A 395) bieten sich sogar drei Möglichkeiten an. Es kann zwischen der B 82 (Abfahrt Schladen-Süd), der B 241 (Abfahrt Vienenburg) und der vierspurigen B 6 (am Autobahn-Ende der A 395) gewählt werden. Über die B 6 ist Goslar auch mit Bad Harzburg, Wernigerode und dem Ostharz verbunden. Die B 241 und die B 498 führen unmittelbar von Goslar in den Oberharz.

Alle Gäste, die nicht unmittelbar aus dem Oberharzgebiet anreisen, dürfen sich in Goslar keinesfalls auf die nördliche Umgehungsstraße im Verlauf der B 6 locken lassen. Wer bereits auf der B 6 fährt, sollte diese der Ausschilderung "Altstadt / B 241" folgend im Nordwesten vor der Stadt verlassen. Über die Riechenberger Spange in Sichtweite der großen Riechenberger Klosteranlage erreicht man die B 82 und orientiert sich hier an den Hinweisen "Zentrum / B 241". Für die Anfahrt aus Richtung Braunschweig und Wernigerode gilt ähnliches. Die B 241 vereinigt sich noch vor Goslar mit der als Kraftfahrstraße ausgebauten B 6. Östlich des Stadtkerns sollten Sie dann die B 6 verlassen (Ausschilderung "Zentrum / B 241"); die Abfahrt mündet zugleich in die B 82 aus Richtung Schladen. Folgen Sie nun weiterhin der Ausschilderung "Zentrum / B 241", so wird bald das Breite Tor vor Ihnen auftauchen.

Am Rand des Altstadtkerns gibt es Hinweisschilder auf verschiedene Parkplätze im gesamten Stadtgebiet. Doch sollte folgendes beachtet werden: Der Grundriß Goslars und die Anlage der Straßen sind mittelalterlich und nehmen daher selbstverständlich keine Rücksicht auf die Bedürfnisse einer automobilen Gesellschaft. Alle Kraftfahrzeuge sind außerhalb oder am Rand der Altstadt wesentlich besser aufgehoben als innerhalb der Mauern. Bedingt durch die zahlreichen Einbahnstraßen und Fußgängerzonen wird außerdem ein Durchfahren des Stadtkerns unmöglich gemacht, so daß es sich insbesondere für alle ortsunkundigen Tagestouristen nicht lohnt, in die Altstadt hineinzufahren. Dort stehen, überwiegend am Straßenrand und mit einer Uhr versehen, auch nur relativ wenige Parkplätze zur Verfügung. Die Parkuhren sind in der Regel schnell abgelaufen und die aufmerksamen Goslarer Politessen zur Freude des Stadtkämmerers ständig im Einsatz.

Wir empfehlen Ihnen daher zwei Parkmöglichkeiten am Rand der Altstadt. Beide liegen unmittelbar an der "Südumgehung" des Stadtkerns im Verlauf der Bundesstraßen B 82 und B 241 (Astfelder Straße - Von-Garßen-Straße - Nonnenweg - Clausthaler Straße - Wasserbreeke - Zwingerwall - Reiseckenweg - Okerstraße). Sie brauchen nur den Hinweisschildern mit einem weißen Pfeil auf rotem Grund und der Aufschrift "Kaiserpfalz" zu folgen. Bei der Anreise aus westlicher Richtung muß man sich dabei rechts von der Altstadt halten, bei der Anreise aus Osten entsprechend vor dem Breiten Tor links abbiegen. Wer auf der B 241 aus dem Oberharz kommt, erreicht diese "Südumgehung" sogar zwangsläufig.

Besonders nah an den wichtigsten Sehenswürdigkeiten liegt der Kaiserpfalz-Parkplatz (kostenpflichtig, Parkautomaten; jedoch stark frequentiert). Ihn möchten wir vornehmlich Menschen an das Herz legen, die durch ihr Alter oder eine Behinderung keine längeren Strecken zu Fuß zurücklegen können. Bei der Anfahrt zum Pfalzparkplatz brauchen Sie nur dem beschriebenen roten Schild zu folgen. Außerdem sei auf das Osterfeld (großer Festplatz nahe dem Breiten Tor) hingewiesen. Das Osterfeld dient gelegentlich auch als "Park-and-ride" - Platz mit kostenlosem Busverkehr in die Innenstadt.

Man kann sich jedoch jede Form der Parkplatzsuche ersparen, wenn man mit dem Zug anreist. Das schont die Umwelt, Ihre Nerven und, falls Sie allein oder zu zweit reisen, genau gerechnet sogar den Geldbeutel. Innerhalb der Altstadt kann sowieso nur ein Verkehrsmittel empfohlen werden: Schusters Rappen. Dabei sollten modebewußte Damen allerdings auf hochhackige Pumps verzichten. Dem alten Pflaster vieler Goslarer Gassen sind zum Beispiel robuste und bequeme Wanderschuhe viel angemessener. Da man die Stadt doch ohnehin nur zu Fuß erkunden kann, bringt die Bahnanreise keine Nachteile mit sich. Die Bundesbahn bietet in der Regel stündlich Verbindungen mit Hannover, Hildesheim, Göttingen (über Kreiensen) und Braunschweig an.

Innerhalb Goslars betreiben die Stadtwerke mit ihren gelben Fahrzeugen ein dichtes Stadtbusnetz. Diese Linien seien denjenigen empfohlen, die die Neubauviertel, die umliegenden ländlichen Ortsteile oder den Industrieort Oker aufsuchen möchten. Auch das ist Goslar, und eine Fahrt dorthin dürfte das Goslarbild erweitern. Andere Buslinien bedienen ab Bahnhofsvorplatz das Umland und insbesondere den Oberharz einschließlich Goslars Kurstadtteil Hahnenklee - Bockswiese.

Literaturverzeichnis

Aus der Vielzahl der Schriften über Goslar und seine Geschichte seien dem interessierten Goslar-Besucher zur Vertiefung folgende Titel empfohlen, die auch für diesen Stadtführer herangezogen wurden:

ARNDT, M.: Ein Führer durch den Goslarer Kaisersaal. Göttingen 1977.

BRÖKELSCHEN, E.: 750 Jahre Neuwerk. Wandlungen eines Benediktinerinnenklosters. Goslar 1936.

CRUSIUS, F. E.: Geschichte der vormals Kaiserlichen freien Reichsstadt Goslar am Harze. (Fotomechanischer Nachdruck der Ausgabe Osterode 1842.) Hannover 1978.

GIDION, H.: Geschichte der Kirche und Gemeinde St. Jakobi in Goslar "von den Anfängen bis zum Jahr 1805". Goslar 1963 (= Beiträge zur Geschichte der Stadt Goslar. 21.)

GOSLAR. Entdeckungen auf Goslars Spuren. Ein Kulturmagazin. Hrsg. vom Kulturamt der Stadt Goslar. Goslar 1991.

GRIEP, H.-G.: Das Bürgerhaus in Goslar. Tübingen 1959.

GRIEP, H.-G.: Goslar um 1500. Goslar 1986. (Vogelschau-Bildkarte einer Rekonstruktion der Stadt Goslar um 1500, mit Beiheft)

GRIEP, H.-G.: Der Pfalzbezirk. (= Führer durch Goslar. 1.) Goslar 1988.

GRIEP, H.-G.: Der Marktbezirk. (= Führer durch Goslar. 2.) Goslar 1989.

GRIEP, H.-G.: Die Bürgerhäuser. (= Führer durch Goslar. 3.) Goslar 1990.

GRIEP, H.-G.: Die Kirchenbauten. (= Führer durch Goslar. 4.) Goslar 1991.

GRIEP, H.-G.: Die Befestigungsanlagen. (= Führer durch Goslar. 5.) Goslar 1992.

HASSELBRING, K.: Die Stephanikirche zu Goslar und ihre Geschichte. Goslar (Selbstverlag) 1983. (= Beiträge zur Geschichte der Stadt Goslar. 35.)

HILLEBRAND, W.: Goslar. München, Berlin 1972 (= Deutsche Lande. Deutsche Kunst.)

HILLEBRAND, W. (Hrsg.): Goslar. Das Bild der Stadt im 19. und 20. Jahrhundert. Eine Photodokumentation. Goslar 1975. (= Beiträge zur Geschichte der Stadt Goslar. 30.)

KAPP, M.: Das Große Heilige Kreuz in Goslar. (Stadt. Kultur. Geschichte.) Hrsg. von der Stadt Goslar.

KRAUME, E.: 968 - 1968. Tausend Jahre Rammelsberg. Hrsg. von der Preussag. Hannover 1968.

LANGE, D.: Kirche und Kloster am Frankenberg in Goslar. Eine baugeschichtliche Untersuchung. Goslar 1971. (= Beiträge zur Geschichte der Stadt Goslar. 28.)

RAULS, W.: Die Marktkirche in Goslar. Goslar 1956.

Die RESTAURIERUNG des Petrialtars. (Stadt. Kultur. Geschichte.) Hrsg. von der Stadt Goslar.

SPIER, H.: Historischer Rammelsberg. Ein Führer durch die erhalten gebliebenen über- und untertägigen historischen Rammelsberger Bergbauanlagen und die Besonderheiten der Rammelsberger Vitriole. Wieda-Hornburg 1988.

STÖBER, M.: Goslarer Mühlen vom Mittelalter bis zur Gegenwart. Eine Wanderung zu den alten Mühlenplätzen im Gosetal. (Stadt. Kultur. Geschichte.) Hrsg. von der Stadt Goslar.

Inhalt

In dieser Reihe lieferbar:

Marion und Thorsten Schmidt

Wernigerode

Ein Führer durch die bunte Stadt am Harz

ISBN 3-928977-08-3 (DM 9.80)

Hans Röper/Thorsten Schmidt

Mit Volldampf durch den Harz

Historisches und Gegenwärtiges entlang der Harzer Schmalspurbahnen

ISBN 3-928977-01-6 (DM 12.80)

In der Kleinen Touristen-Reihe lieferbar:

Marion und Thorsten Schmidt

Der Harz

Ein praktischer Reise- und Wanderführer

ISBN 3-928977-06-7 (DM 16.80)

Werner Bernhagen

Quedlinburg

Ein praktischer Stadtführer

ISBN 3-928977-04-0 (DM 8.90)

Thorsten Schmidt

Der Brocken

Berg zwischen Natur und Technik

ISBN 3-928977-00-8 (DM 14.80)

Hans Bauerfeind

Blankenburg

Ein praktischer Stadtführer

ISBN 3-928977-05-9 (DM 9.80)

Stefanie und Günther Herlitze

Wandern im Harz

70 Wanderungen durch das nördlichste deutsche Mittelgebirge - herausgegeben vom Harzklub e.V.

ISBN 3-928977-16-4 (DM 15.80)

Lieferbare Titel:

Ernst Stolte

Dornenpfad und Himmelsleiter

Ein autobiographischer Roman aus dem Harz

ISBN 3-928977-11-3 (DM 32.00)

Thorsten Schmidt

Volldampf-Reisen

Ihr Begleiter auf den Strecken der Harzer Schmalspurbahnen (mit aktuellem Fahrplan-Einlegeblatt)

ISBN 3-928977-02-4 (DM 3.50)

Hermann Löns

Die bunte Stadt am Harz

Historische Plauderei über Wernigerode

ISBN 3-928977-03-2 (DM 3.50)

Thorsten Schmidt

Dampfroß-Impressionen

Kleiner Bildband über die Harzer Schmalspurbahnen

ISBN 3-928977-13-X (DM 14.00)

Schmidt-Buch-Bildkalender

Im Format 240 x 340 mit informativen Texten zum Thema; selbstverständlich in brillanten Farben und aufwendig in Spiralheftung gebunden.

Unverbindliche Preisempfehlung: 12.80 DM.

Mit Volldampf durchs Jahr 1994

Harzer Schmalspurbahnen im Bild

Mit Erläuterungen von Hans Röper

ISBN 3-928977-18-0

Wernigerode 1994

Bilder aus der bunten Stadt am Harz

Mit Erläuterungen von Thorsten Schmidt

ISBN 3-928977-17-2

Die Deutsche Bibliothek - CIP-Einheitsaufnahme
Kroker, Angelika:
Goslar : ein Führer durch die alte Stadt der Kaiser, Bürger und Bergleute / Angelika Kroker ; Martin Stöber ; Ingeborg Titz-Matuszak. [Es fotografierte Thorsten Schmidt]. - 1. Aufl., 1. - 5. Tsd. - Wernigerode : Schmidt, 1993
(Touristen-Reihe)
ISBN 3-928977-07-5
NE: Stöber, Martin:; Titz-Matuszak, Ingeborg: